Duilio Biancucci
Einführung in die Theologie der Befreiung

Duilio Biancucci

Einführung in die Theologie der Befreiung

Kösel-Verlag München

Reihe
EVANGELIUM KONKRET
Herausgegeben von Peter Eicher

CIP-Kurztitelaufnahme der Deutschen Bibliothek

Biancucci, Duilio:
Einführung in die Theologie der Befreiung / Duilio Biancucci. – München : Kösel, 1987.
(Reihe: Evangelium konkret)
ISBN 3-466-25128-1

Gesamtherstellung: Kösel, Kempten
Umschlaggestaltung: Günther Oberhauser, München
ISBN 3-466-25128-1

Inhalt

Vorwort

Ich habe meine Heimat Argentinien wegen der Theologie der Befreiung verlassen müssen. So werden die Leser dieses Buches Verständnis dafür haben, daß mir auch hier im unfreiwilligen Exil diese Theologie meines Volkes eine Art zweite Heimat geblieben ist. Ich meine dies nicht sentimental, sondern aus dem sachlich dringlichen Anliegen dieser Theologie heraus: wegen der zum Himmel schreienden Ungerechtigkeit der Weltwirtschaftsordnung, an der die unterdrückte Welt stirbt.
Ich bin Priester und deshalb allein dem Evangelium verpflichtet – aber dieses Evangelium führt uns zur Wahrnehmung der Gerechtigkeit in den ungerechten Verhältnissen dieser Zeit. Und so ist es der ganz besondere Kontext der Not der deklassierten »Dritten Welt«, in dem mir der Text des Evangeliums Verheißung und Verpflichtung geworden ist.
Die Europäer können wahrscheinlich die wirtschaftlichen Verhältnisse und den christlichen Glauben in ihrem Lande besser als die Menschen der unterentwickelt gehaltenen Regionen dieser Erde auseinanderhalten. Diese theoretisch richtige Unterscheidung konnten sich die engagierten Christen von Bahía Blanca, einer mittelgroßen Stadt des südlichen Argentiniens, überhaupt nicht leisten. Hier wurde ich (1970) gerade durch die Verkündigung des Evangeliums mitten in die Konfrontationen zwischen Militärs, starken Wirtschaftskräften und den hart unterdrückten Gemeindemitgliedern hineingezogen: Sie wurden wegen ihres gerechten und friedlichen Protestes gegen die sozialen Mißstände verfolgt, inhaftiert, gefoltert und teilweise getötet.
Diese Mitglieder der Gemeinde lehrten mich, was Theologie der Befreiung heißt: Solidarität der Glaubenden mit den aufs Äußerste Gedemütigten in der ganzen Gesellschaft. Nachdem ich dann eines Tages mitten in der Verkündigung im Dom von Bahía Blanca von den Militärs unterbrochen und als Kommunist und

Terrorist abgestempelt wurde – während einer Predigt über den »Reichen Jüngling«, der berufen war, alles zu verlassen, um es den Armen zu geben und so Christus nachzufolgen! – wurde ich selbst zu einem Mitglied der Basisgemeinden. Zu diesen ersten Erfahrungen einer gelebten Theologie der Befreiung gehörte auch, daß ich meiner Verhaftung nur dank der klugen und energischen Intervention des Bischofs entkam ...

Die Theologie der Befreiung ist alles andere als eine Revolte. Sie begnügt sich nicht mit dem Aufschrei des Protestes. Vielmehr geht sie konzentriert und geduldig den Weg des Verstehens und des Bewußtmachens der sozialen Spannungen. Aus der Zuversicht des Evangeliums geht sie an die Wurzeln des Elends. Dazu aber ist vor allem auch Einsicht und theoretische Klarheit über das Ausmaß, die Entstehung und die Möglichkeiten zur Veränderung der strukturellen Not geboten. Und so bin ich sehr dankbar, daß ich durch meine – in der Folge unabwendbare – Vertreibung von der Kanzel die Gelegenheit erhielt, an der neuen Universität von Luján ein interdisziplinäres Forschungsinstitut mitzubegründen. Als Soziologe mußte ich nun erkennen, daß die Probleme von Armut und Unterdrückung in der argentinischen Gesellschaft nicht nur von inneren Strukturschwächen hervorgerufen wurden, sondern auch von den wirtschaftspolitischen Maßnahmen bedingt waren, die uns von außen, d. h. von der Wirtschaftspolitik der USA (aber auch von Frankreich, England und der Bundesrepublik) aufgezwungen wurden. Hier wurde mir klar, daß die unschuldige Verkündigung des Evangeliums die Klugheit der Sozialwissenschaften braucht, um wirklich hilfreich sein zu können.

Aber die Theologie der Befreiung lebt im Konkreten. Deshalb blieb auch diese universitäre Zeit geprägt von der Mitarbeit mit den Marginalisierten der Gemeinde von Moreno, einer Gemeinde im Großraum von Buenos Aires. Hier wurde ich gezwungen, das Land zu verlassen (von dem Haftbefehl erfuhr ich nach der Flucht in die Bundesrepublik). Jetzt kam ich in ein Land, dem die Not der unterdrückten Welt – trotz aller eigenen Nöte – zutiefst fremd war: Hier gibt es alles, was die Unterdrückten bitter entbehren. Aber hier gibt es auch die Industrie, die Finanz, die Wissenschaft und die Politik, welche das wachsende Elend der unterdrückten Welt mit verursacht. Ich konnte die noch immer zunehmende Verelendung in Argentinien, in Brasilien, in Chile, ich konnte die Probleme Nicaraguas, Guatemalas, Perus und Paraguays, ich konnte damit auch den Schrei aller Unterdrückten in Afrika und Asien als Gast in Deutschland nicht mehr vergessen und unmöglich weiter überhören. Gerade die ebenso höfliche wie uninteressierte Aufnahme in der Kirche der Bundesrepublik verpflichtete mich, hier alles zu tun, um die ungehörte Stimme der Opfer laut zu machen. Aber noch einmal: dazu hilft auch hier nicht der blinde Protest! Dazu bedarf es gerade in so vollständig durchorganisierten Gesellschaften wie der in der Bundesrepublik, der Schweiz und Österreich, der *Bewußtseinsbildung*.

Die folgende Einführung ist schlicht das Ergebnis praktischer Zusammenarbeit in dieser Bewußtseinsbildung: sie ist (in der Bundesrepublik) entstanden aus den Fragen, Gesprächen und Arbeitsgruppen in der eigenen Pfarrei und in vielen andern Gemeinden, aus Diskussionen und Übungen an der Universität und Fachhochschule Paderborn, aus Vorträgen und Seminaren an Volkshochschulen und Akademien, vor allem aber aus der Erfahrung an der Basis (auch gewerkschaftlicher Art), an der die neue Solidarität aufbricht. Aus dieser Erfahrung wurde nun eines ganz wichtig: die Erkenntnis, daß die Theologie der Befreiung auch im europäischen Kontext nicht eine *neue* Theologie bringt, sondern den resignierten und erstarrten Glauben der Gemeinden an ihre eigene Lebensquelle zurückführt!

Wie findet die Gemeinde, deren Hauptproblem das Wachstum des Wohlstandes ausmacht, zur Solidarität mit den Armen, deren ungelöstes Problem im Wachstum des Hungers, der Krankheiten, der Marginalisierung und der Unterdrückung liegt? Wie finden die Christen im Kontext Europas zum befreienden Sinn jenes Evangeliums zurück, das gerade durch die Botschaft von der Versöhnung das gerechte Handeln ermöglicht? Ich möchte mit der folgenden Einführung in sehr schlichter Weise gerade hier in Europa die Praxis der Christen in einer unterdrückten Welt erschließen. Gewiß gibt es dazu eine schon sehr reiche und z. T. sehr akademisch komplizierte Bibliothek. Aber was heute nottut ist meiner Erfahrung nach die elementare Einführung in die drei Dimensionen der lebendigen Theologie der Befreiung: eine Einführung in ihren wirtschaftlichen, soziopolitischen und kirchlichen Kontext, eine Formulierung ihrer zentralen Praxis in den Basisgemeinden und eine Auseinandersetzung mit den beträchtlichen Mißverständnissen europäischer Theologen und Kirchenbehörden. Ich versuche dabei von *hier* aus die Situation *dort* bewußt zu machen, um damit auch anzudeuten, wie die Gemeinden und die einzelnen Christen *hier* den Schwestern und Brüdern *dort* nur zu Hilfe kommen können, wenn sie selber von den Basisgemeinden in Lateinamerika lernen.

Bücher sind nicht das Ziel der Theologie der Befreiung: Sie sind vielmehr so etwas wie längere Briefe zwischen den leidenden und kämpfenden Gemeinden. Deshalb sucht auch diese Einführung ein Gespräch untereinander zu ermöglichen. Dem dienen ganz besonders die kleinen Textsammlungen, welche am Ende jedes Kapitels nicht nur Rechenschaft von den Quellen ablegen, sondern auch zur Auseinandersetzung Stoff geben wollen. Aber letztlich geht es nicht um das Gespräch *über* die Theologie der Befreiung, sondern um die Praxis der Befreiung, die dem Evangelium entspricht.

Danken möchte ich allen, die mir durch Anregungen und Kritik geholfen haben. Besonders erwähnen möchte ich dabei Frau Ursula Teumert und Herr Bernd Wacker, die mir bei der Korrektur zur Seite standen, ebenso wie Frau Annegret Hübner, die mit viel Geduld die endgültige Fassung zur druckfähigen Form brachte. Über die Zusammenarbeit innerhalb der Theologie der Befreiung mit meinem europäischen Kollegen Peter Eicher freue ich mich ganz besonders.

Bönen, Juni 1987 Duilio Biancucci

I Der Kontext der Theologie der Befreiung

Wenn wir die Theologie der Befreiung verstehen wollen, können wir die Hintergründe nicht außer acht lassen, die zu dieser Theologie geführt haben.
Es ist normal, vom »Sitz im Leben« zu sprechen, wenn von der Bibel die Rede ist, das heißt, auf das Milieu hinzuweisen, in dem sich eine schriftliche Überlieferung »formte«. So können wir auch vom einen »Sitz im Leben« der Theologie der Befreiung sprechen, oder wenn wir soziologisch reden wollen, von ihren Hintergründen oder ihrem Kontext. Gerade dieser Kontext ist unentbehrlich, um diese Theologie zu verstehen. Man könnte sogar behaupten, daß viele Mißverständnisse und Fehlinterpretationen ihren Ursprung in der Tatsache haben, daß diese Theologie die Reflexion über eine soziale Wirklichkeit voraussetzt, die dem Leser nicht immer bekannt ist. Auch sollte man nicht vergessen, daß diese Theologie nicht auf den Lehrstühlen der großen Universitäten oder am Schreibtisch berühmter Professoren entstanden ist, sondern in der Reflexion und dem Engagement des Volkes. Natürlich haben auch Theologieprofessoren, wie wir sehen werden, dazu beigetragen und die Theologie der Befreiung auf ihre Weise zu formulieren versucht.
Bevor die Theologie in Lateinamerika zur Theologie der Befreiung werden konnte, hat sie einen langen Weg gehen müssen, auf dem wirtschaftliche, politische, soziale und religiöse Bewegungen, Fakten und Gruppen eine große Rolle gespielt haben. Das erklärt, warum wir unsere Aufmerksamkeit zunächst auf drei Punkte richten wollen: (1) Den wirtschaftlichen Kontext oder die Entwicklung der Unterentwicklung und die Dependenztheorie, (2) den sozialpolitischen Kontext und (3) den kirchlichen Kontext.
Will man die Entstehung der Theologie der Befreiung verstehen, so geht es darum, die in diesen drei Punkten umrissene, gesamt-

gesellschaftliche Situation Lateinamerikas seit der Mitte der sechziger Jahre zu erhellen. Auch wenn wir sie unterscheiden, bedeutet das nicht, daß sie getrennt und ohne gegenseitigen Einfluß vorkommen.

1 Der wirtschaftliche Kontext, oder: Die Entwicklung der Unterentwicklung

Die Problematik der Unterentwicklung ist nicht neu. Schon 1955 haben die unterentwickelten Länder auf der Konferenz von Bandung (Indonesien) die eigene Situation als eine Situation der Unterentwicklung deutlich beschrieben. Auch für den Theologen ist es wichtig, diese traurige Wirklichkeit zu kennen, ist doch die Theologie der Befreiung gerade auf diesem Hintergrund entstanden. Noch mehr: Sie ist nicht nur im Kontext der Unterentwicklung entstanden, sondern sie ist theologische Reflexion über die Situation der Unterentwicklung. Um es noch deutlicher zu sagen: Wenn diese Situation der Unterentwicklung außer acht gelassen oder nicht richtig verstanden wird, kann von Theologie der Befreiung nicht die Rede sein, weil die Wirklichkeit, in der und von der diese Theologie redet, nicht in den Blick kommt.

Auch wenn Lateinamerika vielfältig ist, gibt es eine grundlegende Gemeinsamkeit: Die soziale und ökonomische Kluft vergrößert sich, das heißt, die Reichen werden reicher, die Armen ärmer. Lateinamerika insgesamt ist deshalb heute mit folgenden Problemen konfrontiert:

- mit dem Hunger,
- mit dem Wachstum der Bevölkerung,
- mit der steigenden Arbeitslosigkeit,
- mit der Benachteiligung durch die Zollschranken für eigene Fabrikate von Seiten der Industrieländer,
- mit der Macht der internationalen Konzerne, die, statt die Unterentwicklung zu stoppen, die Unterentwicklung fördern,
- mit der Ungleichheit der Bildungschancen.

Hinzu kommen die eher kulturell-politische Aspekte der Unterentwicklung:

– die kulturelle Invasion der großen Industrienationen, die sowohl Instrument als auch Ergebnis ihres fortdauernden Kolonialisierungsinteresses darstellt;

– die Möglichkeit der Einflußnahme auf die Politik eines Landes durch direkte Einmischung oder große Finanzinvestitionen.

Als ein Beispiel dieses politischen Aspektes der Unterentwicklung seien nur die zahlreichen Interventionen in Lateinamerika von seiten der USA zwischen 1798 und 1969 erwähnt[1].

Die hier nur stichwortartig angezeigte Situation ist nicht erst in den letzten Jahren entstanden; vielmehr läßt sich behaupten, daß schon die Entdeckung Amerikas durch die Spanier die Einführung der Unterentwicklung bedeutete[2]. Lange Zeit aber lebte man in einer totalen Ignoranz dieser grausamen Realität und ihrer wahren Ursachen. Langsam erst ist ein neues Bewußtsein entstanden. Ermöglicht wurde es durch die bitteren Erfahrungen der letzten Jahrzehnte. Das Scheitern der Modernisierungstheorie und deren »Entwicklungshilfe« hat nicht nur vielen Lateinamerikanern die Augen geöffnet. Der große Optimismus der fünfziger Jahre, Anschluß an die wirtschaftliche Entwicklung der Industrieländer zu erreichen, verschwand. Der Tod des Präsidenten *Kennedy* (1963) bedeutete das Ende solcher Hoffnungen. Die entsprechenden Entwicklungsmodelle gerieten in eine radikale Krise, aus der sich Anfang der sechziger Jahre ein neuer Ansatz zur Erklärung von Unterentwicklung ergab[3].

Die Modernisierungstheorie

Statt von der Modernisierungstheorie zu sprechen, sollte besser von Modernisierungstheorien geredet werden. Weil es uns hier jedoch nicht um Einzelheiten geht, sondern nur die Grundtendenzen interessieren, behalten wir den Sprachgebrauch »Modernisierungstheorie« bei.

Die Modernisierungstheorie mit ihrer Grundhypothese von Unterentwicklung geht vom Vergleich der unterentwickelten Länder mit den Industrieländern aus. Modernisierung bedeutet demnach, den kombinierten Prozeß von Industrialisierung und Überwindung traditioneller Verhaltensweisen. Vorbild und Norm für diese Umwandlung sind die Industrieländer. Deshalb fordert diese Theorie, daß auch in den unterentwickelten Ländern dieselben Maßnahmen zur Anwendung kommen, die schon die industrielle Entwicklung der reichen Länder vorangetrieben haben. Würde also, so meint man, den unterentwickelten Ländern durch Investitionen, Geld, Fachkräfte usw. geholfen, dann können sie die Industrieländer in absehbarer Zeit einholen. Vergessen wird dabei, daß der Entwicklungsprozeß der Industrieländer nicht einfach wiederholt werden kann, weil die Ausgangsbedingungen in den armen Ländern anders sind. Folgende Stichworte müssen hier genügen:

- *Agrarstrukturen.* Die Landwirtschaft ist ein Motor der Industrialisierung gewesen. In den unterentwickelten Ländern aber ist die dazu unbedingt notwendige Agrarreform bis heute kaum in die Wirklichkeit umgesetzt.
- *Kolonialismus.* Die Industrieländer haben die Produktionsstrukturen der unterentwickelten Länder ihrer ehemaligen Kolonien ganz auf die Erfordernisse der eigenen Entwicklung ausgerichtet. Welche Kolonien aber haben die unterentwickelten Länder?
- *Bevölkerungswachstum.* Auch wenn das Bevölkerungswachstum nicht die Ursache der Unterentwicklung ist, hat dieses Phänomen einen großen Einfluß auf jede mögliche Entwicklung.
- *Der technologische Fortschritt.* Ein Arbeitsplatz in der heutigen hochentwickelten Industrie ist erheblich teurer als in den Anfängen der Industrialisierung.
- *Die Bedrohung von außen.* Zur Zeit der europäischen und nordamerikanischen Industrialisierung gab es keine Macht, die diesen Prozeß zu verhindern versuchte. Heute stehen eine Reihe von ökonomischen Interessen der Industrienationen auf dem Spiel.

Diese Stichworte zeigen sehr deutlich, daß das Problem der Unterentwicklung kein Problem des Nachholens sein kann, wie die Modernisierungstheorie vorschlägt.

Die Dependenztheorie (Abhängigkeitstheorie)

Gerade das Scheitern der »Allianz für den Fortschritt« Präsident *Kennedys* half den Lateinamerikanern zu verstehen, daß die Modernisierungstheorie, die den theoretischen Rahmen für diese Allianz bildete, nicht taugte, die Unterentwicklung zu überwinden. So entstand in Lateinamerika in den sechziger Jahren die Dependenztheorie. Seit Beginn dieses Jahrzehntes wurde das Problem der Unterentwicklung im Zusammenhang mit den Entwicklungstendenzen der internationalen Wirtschaftsbeziehungen diskutiert.

Autoren wie *F. Perroux, G. Myrdal* und *R. Prebisch* haben einen großen Einfluß auf diesen Erklärungsansatz gehabt. Die Dependenztheorie stützt sich dabei auf die Untersuchungen des CEPAL (Comisión Económica para América latina = UN-Wirtschaftskommission für Lateinamerika), in deren Rahmen u. a. *Prebisch* seine Ideen entwickelte. Sie berücksichtigt nicht nur die wirtschaftlichen, sondern auch die politischen und kulturellen Gesichtspunkte.

Allen Varianten der Dependenztheorie sind folgende zentrale Thesen gemeinsam:

– *Abhängigkeit* gilt als ein bedingter Zustand, das heißt Abhängigkeit ist durch eine Situation definiert, in der die wirtschaftliche Entwicklung eines Landes abhängig ist von der Entwicklung und Wirtschaftsexpansion anderer Länder. Die Ursache der Unterentwicklung wird also auch und besonders »von außen« begründet, das heißt, die Lage der unterentwickelten Länder kann nur angemessen begriffen werden, wenn auch die entscheidende Funktion der auswärtigen Faktoren in die Analyse einbezogen wird. Die Probleme und Strukturen der unterentwickelten Länder sind nicht das Ergebnis einer selbständigen geschichtlichen Evolution, sondern die Folgen eines langen Vorganges, der durch die Vorherrschaft der Industrienationen geprägt ist.

– *Unterentwicklung* ist von außen verursacht, erhält aber ihre besondere Ausprägung durch interne Momente, das heißt die Abhängigkeit ist möglich, weil die Interessen der Industrieländer den Interessen jener einheimischen Kreise entsprechen, die von diesem Zustand profitieren. Diese Verstrickung offenbart sich auf der ökonomischen, politischen und kulturellen Ebene.

– *Entwicklung und Unterentwicklung* bedingen sich gegenseitig. Sie bilden die zwei Seiten eines einzigen historischen Vorganges. Sie sind zwei Seiten ein und derselben Medaille. Deswegen kann keine Rede davon sein, daß die unterentwickelten Länder gegenwärtig Frühformen der westlichen Ordnung durchlaufen, die das Modell von Entwicklung schlechthin verkörpere.

Der brasilianische Autor *Theotonio dos Santos* beschreibt diese Situation so: »Unter Abhängigkeit verstehen wir eine Situation, in der die Wirtschaft bestimmter Länder bedingt ist durch die Entwicklung und Expansion der Wirtschaft eines anderen, der sie unterworfen ist. Das Verhältnis der Interdependenz zwischen zwei oder mehr Volkswirtschaften sowie zwischen diesen und dem Welthandel nimmt die Form der Abhängigkeit an, wenn einige Länder (die herrschenden) in der Lage sind, zu expandieren und sich aus eigener Kraft kontinuierlich zu entwickeln, während andere (die abhängigen) das nur als Reflex dieser Expansion tun können, was entweder positive oder negative Auswirkungen auf die unmittelbare Entwicklung der letzteren haben kann«[4].

Natürlich zeitigt das Wachstum in den Industrieländern auch ein »kleines Wachstum« in den unterentwickelten Ländern. Gerade dieses Phänomen hat die Menschen in den unterentwickelten Ländern lange Zeit getäuscht. Die Dependenztheorie brachte zwei neue Gesichtspunkte mit sich, die von größter Bedeutung sind, weil sie diese Täuschung aufklären:

– die Analyse des geschichtlichen Prozesses der Unterentwicklung, für die die Modernisierungstheorie keine Rolle spielt und

– die Betonung der äußeren Faktoren der Unterentwicklung gegenüber den nur inneren Faktoren der Modernisierungstheorie.

Es ist festzuhalten, daß die Dependenztheorie keine einseitige Erklärung der Unterentwicklung akzeptiert. Sie sieht den Wandel in den Industrieländern mit demjenigen in den unterentwickelten Ländern verbunden. So gesehen ist klar, daß die Ökonomie eines unterentwickelten Landes mit der gesamtökonomischen Struktur der Industrieländer verbunden ist, und daß die Unterdrückung von außen durch die herrschenden Klassen im unterentwickelten Land selbst noch gefördert wird.

Wenn wir diese Grundgedanken auf Lateinamerika beziehen, läßt sich behaupten: Die Ursachen der Unterentwicklung liegen schon in der Kolonialzeit. Sowohl Spanien als auch Portugal haben ein besonderes Verhältnis zwischen Metropole (Zentrum) und Satellit (Peripherie) strukturiert. Die folgende Skizze[5] zeigt dieses Verhältnis Zentrum – Peripherie:

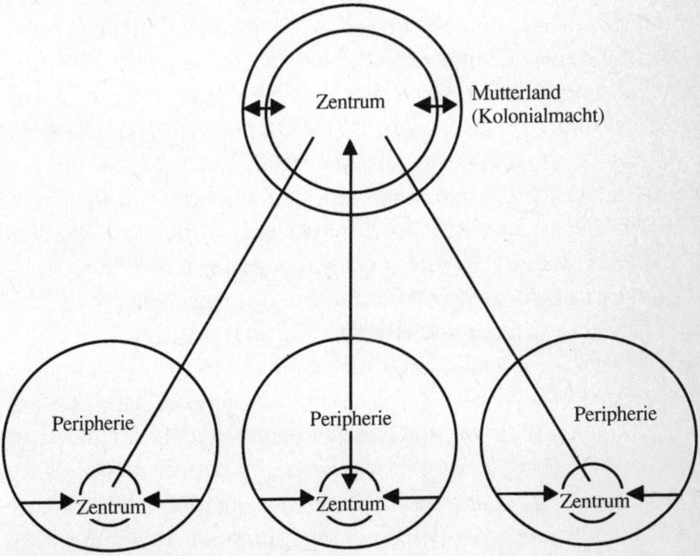

Kolonien (Peripherienationen)

Die Aufgabe der Kolonien war es, als Rohstofflieferant für die merkantilistische Wirtschaft Europas herzuhalten. Die Wirtschaft Lateinamerikas wurde damit zum integralen Bestandteil eines internationalen Weltmarktes. Das bedeutet, die Eroberung hat diesen Kontinent in einen Satellit der Metropole verwandelt. Die vorgenannte Skizze zeigt auch, daß diese Abhängigkeit der Kolonien vom Mutterland sich in den Kolonien wiederholte. Die wenigen Wachstumszentren in den Kolonien haben ihrerseits eine eigene große Peripherie mit einem kleinen Zentrum begründet.

Wie die Abhängigkeit der Kolonien aussieht, wird augenfällig in deren unterschiedlichen Phasen, in denen die Nachfrage der Mutterländer nach bestimmten Produkten, wie Zucker, Holz, Kaffee und Gummi etwa, in den Vordergrund trat. Ließ die Nachfrage nach, so sank die vorher wirtschaftlich blühende Region in Unterentwicklung zurück. Die ausschließliche Exportorientierung verhinderte den Aufbau einer vielschichtigen Wirtschaft. Mit dem Aufkommen der Industrialisierung verstärkte sich die Abhängigkeit und führte zu den typischen Erscheinungsformen des Neokolonialismus.

Zusammenfassend kann man also sagen: Entwicklung und Unterentwicklung sind integrale Bestandteile des historischen Prozesses. Sie sind zwei Seiten einer gemeinsamen, universalen »Entwicklung«. Entwicklung und Unterentwicklung sind parallel verlaufende Prozesse gewesen, die funktional miteinander verbunden waren, das heißt, die aufeinander einwirkten und die sich gegenseitig bedingten. Die von der Dependenztheorie analysierte Situation der Abhängigkeit ist also der Ausgangspunkt für das Verstehen der Unterentwicklung in Lateinamerika.

Jede Form der Entwicklungshilfe oder Entwicklungspolitik basiert auf einer bestimmten Theorie der Unterentwicklung. Wenn diese Theorie falsch ist oder nur den Interessen der Industrieländer dient, dann ist von ihr kein positiver Impuls für das unterentwickelte Land zu erwarten. Anders ausgedrückt: Modernisierungstheorie und eine Theologie der Befreiung schließen sich gegenseitig aus. Hier zeigt sich, wie falsch man liegt, wenn man die Theologie der Befreiung am Kriterium der Modernisierungstheorie messen will, wie es viele tun, die heute die Soziallehre der Kirche vertreten oder lehren. Die Frage dabei ist, ob die Soziallehre der Kirche sich unter allen Umständen an die Modernisierungstheorie gebunden wissen will oder ob sie sich als für die Dependenztheorie offen erweisen läßt.

2 Der soziopolitische Kontext

Wir haben gesehen, wie die Situation der Abhängigkeit zur Entstehung der Dependenztheorie beigetragen hat und so für die Theologie der Befreiung wichtig geworden ist. Aber nicht nur die wirtschaftliche Entwicklung hat eine Rolle gespielt, sondern auch der soziopolitische Kontext zeigt, wie es zur Theologie der Befreiung gekommen ist. Es sind, wie gesagt, verschiedene Faktoren, die den Boden für die Entstehung der Befreiungstheologie vorbereitet haben.

Die kubanische Revolution

Der Triumph der kubanischen Revolution 1959 fand überall in Lateinamerika einen breiten Widerhall. Endlich konnte sich ein Land von einer langen Diktatur befreien. Für viele Lateinamerikaner schien der Aufstieg Fidel Castros die Tür zur vollständigen Befreiung zu öffnen. Auch wenn Castro sich später auf die Hilfe der Sowjetunion stützen mußte und unter ihren Einfluß geriet, verlor Kuba seine Anziehungskraft auf Lateinamerika nicht. Auch für viele Christen blieb Kuba nicht ohne Bedeutung. Im Gegenteil, viele von ihnen haben sich damals gefragt, ob ein ähnlicher Weg in Lateinamerika möglich wäre, ohne den Preis Kubas zahlen zu müssen.
Nur Nicaragua hat seit 1979 einen vielleicht noch größeren Einfluß in Lateinamerika gewinnen können. Dies wohl nicht

zuletzt deshalb, weil es bis heute, trotz des wirtschaftlichen und politischen Drucks der USA, versucht, nicht gänzlich unter sowjetischen Einfluß zu geraten. Gerade die politische und wirtschaftliche Befreiung Kubas und später Nicaraguas lenkte die Aufmerksamkeit der Theologie der Befreiung auf ein ganz zentrales Thema der theologischen Reflexion: Die Befreiungsprozesse.

Der gescheiterte Weg zum Sozialismus in Freiheit

Auch andere Länder versuchten, sich nach dem Beispiel Kubas einen Weg in die Freiheit zu bahnen. In *Chile* (1970–1973) zeichnete sich mit dem Sieg der »Unidad Popular« *Salvador Allendes* ein eigenständiger Weg zum Sozialismus ab. Dieser »chilenische Weg zum Sozialismus« hatte dasselbe Ziel wie Fidel Castro in Kuba. Nur suchte er dieses Ziel in Freiheit und Demokratie zu erreichen. Die Politischen und besonders die wirtschaftlichen Interessen der USA ließen diesen Versuch scheitern.
In *Perú* versuchte 1968 eine sozialistische Revolution durch eine Militärregierung unter *Velazco Alvarado* Fuß zu fassen. Auch sie hatte das Ziel Kubas und Chiles und suchte es auf eigenen Wegen zu erreichen.
In *Brasilien* hatten *Joao Goularts* und *Janio Quadrios* schon 1964 etwas in Richtung Sozialismus gewagt. Aber auch dort ließen die großen Interessen keine Chance für das Experiment eines Sozialismus in Freiheit.
Alle diese gescheiterten oder nicht ganz gescheiterten Experimente sind für die Lateinamerikaner bis heute eine Herausforderung, damit aber auch für eine Theologie, die über die Befreiung im »Lichte des Evangeliums« zu reflektieren angefangen hatte.

Die Doktrin der nationalen Sicherheit

Gerade die gescheiterten Experimente eines sozialistischen Weges in Freiheit sowie die vielen Befreiungsbewegungen in Lateinamerika verursachten eine starke Reaktion der rechten Kräfte.

1964 übernahmen die Militärs die Macht in *Brasilien,* 1966 in *Argentinien,* 1973, in *Bolivien* mit General *Banzer,* 1973 in *Uruguay* und *Chile,* 1975 in *Perú* mit dem Umschwung von General *Morales Bermúdez* und 1976 wieder in *Argentinien* unter General *Videla*.

Daß militärische Diktaturen in vielen Ländern Lateinamerikas die Macht ausüben, war nichts Neues. Was neu war, war die ideologische Begründung der Diktatur: »Die nationale Sicherheit«. Eigentlich ist diese Doktrin in der »Escuela de las Américas« (die Militärschule für Lateinamerika der USA) entwickelt worden und wurde zuerst in Brasilien und dann in fast allen Ländern Lateinamerikas propagiert. Als höchstes Prinzip zur Aufrechterhaltung der sozialen und politischen Ordnung verkündete sie mit geradezu religiöser Begeisterung die totale Unterwerfung des Individums unter den Staat. Höchster Zweck menschlichen Lebens seien die Ziele der Nation. Jeder, der für soziale Gerechtigkeit eintrat, wurde dieser Doktrin zufolge als Kommunist abgestempelt und verfolgt. Auch diese Doktrin war, wie die kubanische Revolution und der gescheiterte Weg zum Sozialismus, nicht ohne Einfluß auf die Entstehung der Theologie der Befreiung, die von Anfang an gezwungen war, die theologische Reflexion auch auf die Form der Abhängigkeit zu richten.

Der nordamerikanische Imperialismus

Simon Bolívar (1783–1830), der Befreier des nördlichen Südamerikas, schrieb: »Die Vereinigten Staaten scheinen von der Vorsehung dazu ausgewählt, Lateinamerika im Namen der Freiheit ins Elend zu stürzen«. Dieses Elends wegen ist die Politik der

USA für die Theologie der Befreiung immer von großer Bedeutung gewesen. Die Situation der Unterdrückung und des Elends, für die die USA eine große Verantwortung tragen, erklärt nicht nur die politische Reaktion der Lateinamerikaner gegen die Macht der USA im allgemeinen, sondern sie hilft auch, die Richtung der theologischen Reflexion zu verstehen.

Als *Napoleon* in Spanien (1806) einmarschierte, schlug die »Stunde der Freiheit« für die lateinamerikanischen Kolonien. Spanisch blieben nur Kuba und Puerto Rico. In Brasilien verlief die Entwicklung etwas anders. Als Napoleon in Portugal einrückte, verließ der König das Land und flüchtete nach Brasilien. Das portugiesische Reich wurde von dort verwaltet. 1816 kehrte der König nach Portugal zurück und ließ seinen Sohn *Dom Pedro* in Brasilien als selbständigen König zurück. Unter dem Eindruck der Unabhängigkeitsbewegungen in den spanischen Kolonien proklamierten die Brasilianer 1822 das Kaiserreich Brasilien mit Dom Pedro als Herrscher. Die Unabhängigkeit brachte den ehemaligen Kolonien politische Rechte. Die ökonomische Struktur, deren Wurzeln in die Zeit der Eroberung zurückgehen, blieb jedoch bestehen.

In der Zeit nach dem zweiten Weltkrieg begann für Lateinamerika eine neue Epoche. Es geriet immer mehr unter den Einfluß einer neuen Kolonialmacht: Der USA. Die Macht der Vereinigten Staaten über Lateinamerika drückt sich besonders auf zwei Ebenen aus: Der wirtschaftlichen und der politischen Ebene.

Auf der *wirtschaftlichen* Ebene genügt es, die internationalen Konzerne zu erwähnen, auch wenn sie nicht alle ihren Sitz in den USA haben. Auf der *politischen* Ebene sind die direkten oder indirekten Interventionen zu nennen: es genügt, an die folgenden Beispiele zu erinnern:

– *Guatemala* (1954): Präsident *Jacobo Arbenz* setzte die Reform seines Vorgängers fort. Auch eine Agrarreform wurde in die Wege geleitet und die US-Fruit Company enteignet. Daraufhin wurde Arbenz mit US-Hilfe gestürzt. Einige Jahre später erklärte *D. D. Eisenhower:* »Wir mußten uns einer kommunistischen Regierung entledigen«.

– *Kuba* (1961): Bombenangriffe und Landungsversuche von Exilkubanern mit amerikanischer Unterstützung fanden statt. Präsident *Kennedy* gab dies öffentlich zu.

– *Brasilien* (1964): Grund für den Putsch waren die Interessen von großen Konzernen, die im Bereich der Förderung von Mineralien arbeiteten. Vor dem Putsch hatte die USA-Botschaft den Putschisten Hilfe angeboten. Botschafter *Lincoln Gordon* hatte die Anerkennung der neuen Regierung seitens der USA zugesichert, wenn diese sich zwei Tage in Sao Paolo zu halten in der Lage wäre.

– *Santo Domingo* (1965): *Juan Bosch,* der demokratisch gewählte Präsident, wurde gestürzt. Als sich das Volk gegen die neue Militärdiktatur erhob, schickten die USA 20000 Marines nach Santo Domingo.

– *Chile* (1973): 1970 versuchte ein amerikanischer Großkonzern (ITT) zusammen mit dem amerikanischen Geheimdienst durch Bestechung, durch Anstiftung zum Putsch die Machtübernahme von *Salvador Allende* zu verhindern. *Nixon* im April 1971: »Wir dulden diese Art von Regierung des marxistischen Allende nicht«. Mehrere Streiks gegen die Regierung wurden mit harter Währung unterstützt. ITT steuerte rund eine Million Dollars bei.

– *Nicaragua:* Schon von 1909 bis 1925 und 1926 bis 1933 hatten die USA das Land besetzt, um »die eigenen Interessen zu schützen«. Heute unterstützen sie offiziell Guerrilla-Gruppen, die Kontras. Präsident *Reagan* bezeichnet diese Guerrilla-Gruppen als Freiheitskämpfer[6].

Nicht zufällig haben die Bischöfe im Dokument von Medellín geschrieben: »Wir klagen hier den Imperialismus jedweder ideologischer Prägung an, der in Lateinamerika in indirekter Form bis hin zu direkter Interventionen ausgeübt wird« (Med. 2,10).

Die indirekten Interventionen geschehen durch die verschiedensten Kanäle. Zwei Beispiele seien erwähnt: Über den CIA sagte *Helder Camara* am 4. Juli 1975 vor dem Wiener Institut für Entwicklungsfragen: »Die Reichen haben ihre Satelliten. Auf östlicher Seite werden sie Volksrepubliken genannt. Sie leben unter Kontrolle und werden überwacht. Wehe dem Satelliten, der den engen Spielraum der ihm zugestandenen Autonomie übertritt. Auch auf westlicher Seite gibt es Satelliten. Um sie zu kontrollieren und eventuell zu korrigieren, brauchen die Metropolen nicht direkt einzugreifen: Internationale Hilfsorganisationen, die von den Metropolen unterstützt werden, wirken als Ermutigung oder als Korrektur im Lauf der Satelliten. Für die schwersten Fälle und radikalsten Änderungen gibt es immer noch den CIA, der ja über eine beträchtliche internationale Erfahrung verfügt«[7].

Auch die großen Konzerne sind durchaus fähig, zur rechten Hand der Politik zu werden. Dazu kommen die internationalen Finanzinstitutionen etwa die Weltbank. Sie ist der größte Kreditgeber für die unterentwickelten Länder. Aber nach welchen Kriterien werden hier Kredite vergeben? Ihre Entscheidungen werden von den Industrieländern kontrolliert, die die Stimmenmehrheit besitzen. Nehmen wir als Beispiel Chile, Brasilien und Argentinien. In der Periode 1964 bis 1976 erhielten diese Länder Hilfe nur zu Zeiten, als eine Militärjunta die Macht innehatte. Bei solchen Interventionen werden keine Panzer gebraucht, um ein Land zu unterwerfen. Es gibt, wie wir sehen, billigere und »saubere« Mittel.

Schon 1968 haben die Bischöfe in Medellín vor den internationalen Spannungen und dem externen Kolonialismus gewarnt (Med. 2,9). Dabei wurde an erster Stelle der wirtschaftliche Aspekt betont, nämlich

– die wachsende Verzerrung des internationalen Handels,
– die Flucht von wirtschaftlichem und menschlichem Kapital,
– die Steuerflucht und die Entziehung der Gewinne und Dividenden,
– die progressive Verschuldung,
– die internationalen Monopole und der internationale Geldimperialismus.

Gerade in diesem Dokument zeigt sich die neue Richtung, die die Theologie der Befreiung eingeschlagen hat. Hier läßt sich deutlich erkennen, welchen großen Einfluß die wirtschaftliche und

soziale Situation Lateinamerikas auf die Theologie der Befreiung hatte.
Ein Text von Kardinal *Pironio* kann als Zusammenfassung der genannten und soziopolitischen Hintergründe der Theologie der Befreiung dienen: »Diese Sehnsucht nach Befreiung entspringt in dem immer deutlicheren und schmerzhafteren Bewußtsein der Situation einer inneren und äußeren Unterdrückung [...] Die Kirche entdeckt in Medellín eine schmerzhafte Situation der Unterentwicklung und Marginalisierung, verursacht durch die Strukturen der sozialen, wirtschaftlichen, politischen und kulturellen Abhängigkeit. Die eigentliche Wurzel der Unterentwicklung ist die ungerechte Abhängigkeit«[8].
Gerade dieses »Bewußtsein der Situation« ist in die theologische Reflexion der Befreiungstheologie eingegangen.

3 Der kirchliche Kontext

Was wir im wirtschaftlichen und politischen Kontext gesehen haben, bestätigt sich auch hier: Die Theologie der Befreiung ist nicht plötzlich entstanden, sondern eine ganze Reihe von Faktoren haben zu ihrer Entstehung geführt. Vielleicht läßt sich ein wenig übertreibend sagen: Die Zeit wurde langsam reif, diese Theologie mußte entstehen. Gerade die Tatsache, daß gleichzeitig in verschiedenen Ländern und von verschiedenen Theologen die Grundgedanken dieser neuen Theologie an die Öffentlichkeit gebracht worden sind, unterstreicht, daß die genannten Faktoren auch im kirchlichen Bereich Einfluß gehabt haben.
Theologen, wie *G. Gutiérrez* oder *L. Boff,* um zwei Beispiele zu nennen, haben in fachtheologischer Sprache nur organisiert und ausgedrückt, was schon im Volk, auch wenn nicht bewußt, als fast selbstverständlich akzeptiert worden war. In dem langen Prozeß der Entstehung der Befreiungstheologie sind jedoch einige Stationen besonders wichtig, weil sie den kirchlichen Kontext dieser Theologie vor Augen führen.

Johannes XXIII. sprach in seiner Enzyklika »Mater et Magistra« schon *1961* über die soziale Gerechtigkeit und den wirtschaftlichen Ausgleich zwischen Völkern verschiedener Wirtschaftsstufen (MM 157).

Das II. Vatikanische Konzil fand von *1962 bis 1965* statt – in gleicher Zeit wollte die Modernisierungstheorie die Entwicklung Lateinamerikas initiieren, aber sie scheiterte. Eigentlich hat das II. Vatikanum die lateinamerikanische Thematik nicht direkt angesprochen. Das große Dokument »Gaudium et Spes« (die Kirche in der Welt von heute) spricht viel über die Welt; aber die Welt, über die es spricht, ist die Welt der Industrieländer. Die Kirchen Deutschlands, Hollands, Belgiens und Frankreichs, die die führenden Stimmen im Konzil stellten, hatten die traurige Wirklichkeit der Unterentwicklung noch nicht verstanden. Trotzdem ist das II. Vatikanum ein wichtiger Schritt nach vorne gewesen, weil es eine Offenheit auch für sozialpolitische Fragen in die Kirche brachte.

1964 fand in *Petropolis* (Brasilien) ein Treffen von Theologen aus verschiedenen Ländern Lateinamerikas statt. Die Themen, die dort besprochen wurden, waren nicht nur die theologischen Probleme Lateinamerikas *(Segundo Galilea),* sondern auch der befreiende Dialog mit den lateinamerikanischen Menschen selbst *(Gustavo Gutiérrez),* und die Funktion der Theologie in Lateinamerika *(Lucio Gera).*

Zwischen 1966 und 1968 breitet sich die Theologie der Befreiung vor allem an der Basis aus. Dies zeigt sich am Erscheinen von Verlautbarungen und Dokumenten auf der Ebene der Diözesen in Lateinamerika; an Schriften, welche sehr deutlich den Einfluß von Christen zeigen, die in dem Kampf um die Befreiung engagiert sind; an den Priester, die das Geschick der Armen teilen, was ihnen die Augen für die Wirklichkeit des Elends öffnet; und schließlich auch an soziologischen Untersuchungen, die sich rasch über ganz Lateinamerika verbreiten und helfen, die »Zeichen der Zeit« zu verstehen.

Helder Camara präsentierte in der argentinischen Stadt, Mar del Plata, *1966* ein sehr wichtiges Dokument. Darin hält er fest, daß

die Kirche einen großen Einfluß auf die Entwicklung der lateinamerikanischen Gesellschaft hat, daß die politische Unabhängigkeit Lateinamerikas keine Veränderungen der ökonomischen Strukturen hervorzubringen imstande war und daß das größte Problem Lateinamerikas nicht der Mangel an priesterlichen Berufen sei, sondern in der Unterentwicklung liegt.
Camilo Torres, der kolumbianische Priester und Soziologe, entschied sich nach einigen Jahren der Arbeit als Seelsorger und Dozent zur Guerilla zu gehen. Im Jahre *1966* wurde er von Regierungstruppen erschossen. Das Leben dieses Priesters, der für sein Volk mit friedlichen Mitteln kämpfte, bis er keinen anderen Ausweg als den bewaffneten Widerstand mehr sah, war für viele Priester und Laien in Lateinamerika ein Schock. Ist dieses der einzige Weg, fragten sich viele. Können wir uns nicht für die Befreiung entscheiden, ohne die Gewalt der Waffen zu akzeptieren? Die Frage nach dem Weg zur Befreiung wurde immer lauter. Eines im Leben von Camilo Torres ist nicht strittig: sein Dienst an den Unterdrückten – das, was später in Puebla »vorrangige Option für die Armen« heißen wird. In diesem Sinne muß man das Leben und das Engagement dieses Priesters als einen Schritt in Richtung der Theologie der Befreiung ansehen, auch wenn man seine Entscheidung für die Guerilla nicht teilt.

Die Vorbereitungsphase für Medellín

In der Versammlung von CELAM (lateinamerikanischer Bischofsrat) in Rom 1965 schlug Mons. *Larraín* vor, eine Versammlung der Bischöfe Lateinamerikas in Kolumbien anläßlich des eucharistischen Kongresses 1968 zu organisieren. Die Idee der Bischofskonferenz von Medellín war geboren. Um diese Versammlung vorzubereiten, fanden einige wichtige Treffen statt.
– 1966 in Baños (Ekuador) über die gemeinsame pastorale Tätigkeit;

– 1967 in Buga (Kolumbien) über die Kirche im Bereich der Universität;
– 1968 in Melgar (Kolumbien) über die Evangelisierung in Lateinamerika und
– 1968 in Itapoán (Brasilien) über die soziale Tätigkeit der Kirche.

Besonders in Itapoán war zu sehen, wie die Analyse der sozialen Wirklichkeit ein Bestandteil der theologischen Reflexion geworden war. In dem Dokument dieser Versammlung heißt es: »Aus dieser Beschreibung der Unterentwicklung folgt, daß diese nur durch ihre Beziehung zur entwickelten Welt verständlich ist. Die Unterentwicklung in Lateinamerika ist, größtenteils, ein Subprodukt der kapitalistischen Entwicklung in der westlichen Welt ...«[9].

Anfang 1968 schon waren die ersten Vorbereitungsdokumente für Medellín fertig. Eine neue Art der theologischen Reflexion ist nicht zu übersehen. Die Botschaft Jesu wird neu gelesen, indem von dem konkreten historischen Kontext ausgegangen wird. Der erste Teil des Dokuments versucht, die lateinamerikanische Wirklichkeit darzustellen. Dabei wird die Notwendigkeit, diese Wirklichkeit näher zu kennen, betont. Zudem wird gezeigt, wie politische, wirtschaftliche und kulturelle Abhängigkeit zum wesentlichen Merkmal Lateinamerikas geworden sind. Was wir über die wirtschaftlichen und soziopolitischen Kontext gesagt haben, der zur Theologie der Befreiung geführt hat, wird hier unterstrichen, das heißt, man setzt voraus, daß die Idee der Einheit und Befreiung Lateinamerikas nicht das Eigentum einer Gruppe oder Kirche ist, sondern, daß viele ihren Anteil gegeben haben, unter ihnen auch die Kirche.

Die ersten Themen der Theologie der Befreiung

(1) *Die Armen und die Gerechtigkeit:* Die soziologische Analyse der Wirklichkeit zeigte die Ungerechtigkeit des kapitalistischen Systems in Lateinamerika. *Gustavo Gutiérrez* ist der Theologe,

der sich in diesen Jahren (1966–1968) am meisten mit dieser Thematik beschäftigt hat. 1967 hat er eine Reihe von Vorlesungen in Montreal gehalten. Hier findet das Thema Kirche und ihre Verpflichtungen für die Armen endlich einen Platz. Gutiérrez behauptet, daß die Armut in Lateinamerika ein Skandal, Frucht der Ungerechtigkeit und der Sünden der Menschen ist.

(2) *Nächstenliebe und Gewalt:* Die Nächstenliebe hat in der Theologie dieser Jahre einen wichtigen Platz. Hier wird gezeigt, daß sie sich im Dienst an den Armen konkretisiert. *J. L. Segundo* beschäftigt sich mit dem Thema Gewalt. Zuerst spricht er von der »weißen« Gewalt, der Gewalt der Oligarchie, der Gewalt, die durch das Gesetz gegen das Volk ausgeübt wird. Segundo kommt zu dem Schluß, daß Gewalt, die gegen diese Gewalt angewendet wird, nicht als unmoralisch bezeichnet werden kann. Entscheidend sei, mit welchen Mitteln und unter welchen Umständen das geschieht.

(3) *Eine neue Methode in der Theologie:* Schon in dem Treffen von Petropolis tauchte die Frage auf: Welche Funktion hat die Theologie und mit welcher Methode muß sie arbeiten? Wie zu erwarten, wurde die theologische Ausbildung in den Seminaren in Frage gestellt. Zwar schätzte man die europäische Theologie, aber man verstand, daß diese Theologie unfähig war, über die lateinamerikanische Problematik etwas zu sagen. So war die Frage einer zureichenden Methode eines der Themen, die am meisten diskutiert und reflektiert wurden. Die Analysen der Sozialwissenschaften und ihre Begriffe wurden in die theologische Reflexion aufgenommen. *Gutiérrez* pflegte zu sagen: »Die Theologie ist eine Reflexion, das heißt ›Actus secundus‹. Sie ist ein Zurückkehren und kommt nach der Handlung. Das erste ist nicht die Theologie, das erste ist die Verpflichtung; die Theologie ist das Verstehen dieser Verpflichtung. Das wichtigste ist die Nächstenliebe, die Theologie kommt danach.« Gerade dies ist auch die Methode, die den Dokumenten von Medellín zugrunde liegt.

Medellín als Wendepunkt in der Geschichte der Kirche Lateinamerikas

Wer heute aufmerksam die Dokumente von Medellín liest, wird die neue Richtung (Methode) und die neuen Themen der lateinamerikanischen Theologie, die Themen der Theologie der Befreiung, sicher bemerken. Es ist deshalb *O. Noggler* zuzustimmen, wenn er schreibt: »Daß Medellín zum Ereignis werden konnte, hängt nicht zuletzt mit dem Bewußtseinsprozeß zusammen, der die ganze katholische Kirche Lateinamerikas [. . .] kontinentweit erfaßt hatte«[10].

Medellín versucht, aus der Situation der Ungerechtigkeit heraus, den Glauben zu reflektieren. In dem Dokument »Gerechtigkeit« lesen wir: »Über die Situation des lateinamerikanischen Menschen gibt es viele Studien. In allen wird das Elend beschrieben, das große Menschengruppen in die Randzonen des Gemeinschaftslebens drängt. Dieses Elend als Massenerscheinung ist eine Ungerechtigkeit, die zum Himmel schreit.« (Med. I,1)

Genau diese Situation ist für die Theologie der Befreiung der Anfang der Reflexion. Wer jedoch die Dokumente des II. Vatikanischen Konzils analysiert, wird feststellen, daß sie demgegenüber eine mehr deduktive Methode anwenden. Nur in »Gaudium et Spes« ist es anders: Der Ausgangspunkt ist die konkrete Situation des modernen Menschen. Aber dieser »Anthropozentrismus« ist fast die Ausnahme geblieben. Medellín bevorzugt, wie angedeutet, eine deutlich induktive Methode und insofern eine »neue Art« Theologie zu treiben. In Medellín wird diese Methode wie selbstverständlich angewendet, das heißt ohne über die Methode selbst zu reflektieren. So sind Frieden und Gerechtigkeit sicher wichtige biblische und theologische Themen. Aber die »Schlußfolgerungen« von Medellín gehen nicht vom »Wesen« der Gerechtigkeit oder des Friedens aus. Ihr Ausgangspunkt ist vielmehr die von den kritischen Sozialwissenschaften analysierte lateinamerikanischen Wirklichkeit. Die Dokumente von Medellín versuchen, diese im Lichte der Botschaft Jesu zu reflektieren. Da wird nicht nur über Ungerechtigkeit gesprochen, sondern auch über Sünde und die Strukturen, die zur Sünde führen: »Zu all dem muß noch ein Mangel an Solidarität hinzugefügt werden, was im individuellen und sozialen Bereich zu wirklichen Sünden führt, deren Kristallisation in den ungerechten Strukturen offensichtlich wird, die die Situation Lateinamerikas kennzeichnen.« (Med. 1,2) Auch wenn, wie gesagt, Medellín über die »neue Art« seines methodischen Ansatzes nicht reflektierte – die Theologen, die an der dortigen Versammlung teilnahmen, haben die Arbeit von Medellín weitergeführt und dabei die Frage nach der Gültigkeit und der Grenzen der neuen Methode, Theologie zu treiben, nicht außer acht gelassen.

Wichtige theologische Themen in Medellín

(1) *Die Armen:* Die Kirche hat in Medellín verstanden, daß sie angesichts der ungeheueren sozialen Ungerechtigkeiten in Lateinamerika nicht gleichgültig bleiben durfte. Es handelt sich nicht um kleine Ungerechtigkeiten, sondern um eine Situation, die die Mehrheit der Bevölkerung betrifft. In Medellín wurde versucht, die Botschaft von der »Befreiung« und »Erlösung« durch Christus für Millionen Arme Lateinamerikas neu zu lesen. Das ist der bleibende Auftrag und die Herausforderung der Kirche heute. Diese Armut ist schuldhaft, weil sie das Produkt von Mechanismen ist, die den Menschen den Wert ihrer Arbeit wegnimmt. In Medellín hat sich die Kirche für die Armen entschieden. Aber diese Option bedeutet eine Option für soziale Gerechtigkeit und das heißt, daß die Gesellschaft von den Armen her und mit ihnen verändert werden muß.
(2) *Nächstenliebe:* Wir haben es hier mit einem Zentralthema der Theologie von Medellín zu tun. Eine Frage bewegte die Theologen: Wie kann man das Evangelium in dieser konkreten Situation leben? Die Befreiungsbewegungen, an denen viele Christen beteiligt waren, sowie die Verpflichtung von Priestern und Laien im Engagement für die Armen, war die bewegende Kraft, die die Suche nach einer Antwort auf diese Frage stärkte.

Die Liebe sei die Seele der Gerechtigkeit und der Friede vor allem ihr Werk. Gerade hier zeigt sich, wie die Verkündigung der Liebe die Wirklichkeit Lateinamerikas, die Wirklichkeit »institutionalisierter Gewalt« nicht vergißt.
(3) *Die geschichtliche Dimension des Glaubens:* Alle Autoren erkennen heute, daß Medellín die Abhängigkeit Lateinamerikas von den Industrieländern richtig eingeschätzt hatte. Die geschichtliche Verantwortung der Christen in dieser Stunde der schnelleren Wandlungen hat die Dokumente von Medellín durchdrungen. Schon die Botschaft der Bischöfe an die Völker Lateinamerikas, die den Dokumenten von Medellín voransteht, spiegelt das Bewußtsein, daß die Kirche hinsichtlich der eigenen Verantwortung erreicht hatte.
Die Betonung der geschichtlichen Dimension des Glaubens und seiner politischen Verantwortung ist auch in der Botschaft leicht zu finden.
Mit seinen vielfältigen Hinweisen auf die Einheit der menschlichen Berufung und der Geschichte will Medellín zum Ausdruck bringen, daß Schöpfung und Erlösung nicht zu trennen sind. Beide sind verschiedene Momente eines einzigen erlösenden Planes Gottes.
Die Dokumente von Medellín behaupten nicht, daß Glaube und Politik identisch seien. Aber ein Glaube, der sich seiner politischen Dimension und seiner Verantwortung in der Welt nicht bewußt wird, ist ein verminderter und verstümmelter Glaube. Ohne Übertreibung kann man behaupten, daß alles, was an Einsichten, Ideen und Optionen schon lange praktisch da war, in Medellín einen Kristallisationspunkt erreicht hat. Ein Bischof verglich deshalb die Erfahrung der lateinamerikanischen Kirche mit der Erfahrung des Mose auf dem Sinai. In Medellín erneuerte die Kirche das Bündnis mit dem Christus der Armen.
(4) *Die Bedeutung der Basisgemeinden* für das Entstehen der Theologie der Befreiung darf nicht vernachlässigt werden. Die Basisgemeinden bestehen aus Gruppen von Christen, die regelmäßig zusammenkommen, ihr alltägliches Leben im Lichte des Evangeliums zu verstehen versuchen, die zusammen beten und

Gottesdienste feiern. Dabei versuchen sie gemeinsam, sich ihre Situation der Unterdrückung, Ausbeutung und Armut bewußt zu machen und sie zu verändern. Wenn behauptet wird, die Theologie der Befreiung sei aus den Basisgemeinden entstanden, so ist das nur ein Teil der Wahrheit. Genauer sollte es heißen, daß die theologische Reflexion ohne die Basisgemeinden leer geblieben wäre, die Basisgemeinden ohne die theologische Reflexion aber blind. Anders gesagt, die Basisgemeinden und die Theologie der Befreiung bilden eine wechselseitige Einheit. Nicht zufällig leben die meisten der maßgebenden Theologen der Befreiung in Basisgemeinden oder arbeiten zumindest mit ihnen zusammen. Die Theologen der Befreiung haben die Gedanken und Leitideen dieser in den Basisgemeinden gelebten Theologie in fachtheologischen Kategorien ausgedrückt. Das konnten sie tun, weil sie, was in diesen Gemeinden geschah, erlebten und weil sie die Not und Unterdrückung der Gemeindemitglieder erfuhren. Auf der anderen Seite bekamen die Mitglieder der Basisgemeinden Impulse und Anstöße für die eigene Reflexion und ihr konkretes Engagement. Aus dieser engen Einheit ist die Theologie der Befreiung entstanden.

4 Texte zur Sache

Die Dependenztheorie

Die Dependenztheorie und ihre Sicht des Verhältnisses von Zentrum und Peripherie faßt *R. Strahm* zusammen: »Wachstum, Modernisierung, Entwicklung einerseits und Verelendung, Zerfall, Unterentwicklung andererseits sind die beiden Kehrseiten ein- und desselben Vorgangs. Gleichzeitig mit der Entwicklung erfolgt auch eine ›Entwicklung der Unterentwicklung‹ (André Gunder Frank).

Dort, wo das schnellste, freieste Wirtschaftswachstum in den Zentren stattgefunden hat, ist auch (oft in nächster Nähe) die höchste Zahl von Menschen anzutreffen, die vom Wachstum

überrollt, ins Elend gedrängt (›marginalisiert‹) wurden. Die Produktion der traditionellen Landwirtschaft, im Gewerbe und Handwerk wird verdrängt durch die modernen Produktionsmethoden der Industrie. Die hohen Löhne und Gewinne in der Industrie bedingen niedrige Einkommen im Gewerbe und Handwerk, weil letztere sonst nicht mehr konkurrenzfähig wären. Verelendung in der Peripherie und in den Slums ist ein ›Nebenprodukt‹ von unkontrolliertem, ungleichgewichtigem Wachstum. Dies wurde durch die Erfahrung des letzten Entwicklungsjahrzehnts hundertfach bestätigt.
Als Ursache der Unterentwicklung werden oft ›Teufelskreise der Armut‹ gezeichnet. Der dependenztheoretische Darstellungsversuch wird der Wirklichkeit eher gerecht: Es bestehen nebeneinander zwei gegenseitige bedingte ›Teufelskreise‹ von Entwicklung und Unterentwicklung.
Man muß sich bewußt sein, daß solche Teufelskreise nicht die Ursachen selbst zeigen, sondern nur, wie sich verschiedene Faktoren gegenseitig spiralförmig verstärken.« (R. Strahm, Überentwicklung-Unterentwicklung, S. 25)

Die Doktrin der nationalen Sicherheit

In *Puebla* kam es zu einer kritischen Auseinandersetzung mit der Ideologie der nationalen Sicherheit: »Nicht so bekannt, aber wirksam in der Organisation nicht weniger lateinamerikanischer Regierungen, hat die Sicht des Menschen, die wir staatsbezogen nennen könnten, ihren Ursprung in der Theorie von der nationalen Sicherheit. Sie stellt den einzelnen Menschen in den uneingeschränkten Dienst eines vermeintlichen totalen Krieges gegen die kulturellen, sozialen, politischen und wirtschaftlichen Konflikte und damit gegen die Bedrohung des Kommunismus. Angesichts dieser ständigen, realen oder möglichen Gefahr werden, wie in jeder Notsituation, die Freiheiten des einzelnen eingeschränkt, und der Wille des Staates wird dem Willen der Nation gleichgestellt. Die wirtschaftliche Entwicklung und das Kriegspotential überlagern die Bedürfnisse der sich selbst überlassenen

Massen. Wenn auch die nationale Sicherheit für jede politische Organisation eine Notwendigkeit ist, so stellt sie sich doch, unter diesem Gesichtspunkt betrachtet, als das Absolute gegenüber den Menschen dar; in ihrem Namen wird die Unsicherheit des einzelnen institutionalisiert.« (Puebla 314)

»In den letzten Jahren gewinnt auf unserem Kontinent die sogenannte ›Doktrin der nationalen Sicherheit‹ an Boden, die in der Tat mehr eine Ideologie als eine Doktrin ist. Sie ist mit einem bestimmten wirtschaftlich-politischen Modell verbunden, das seinem Charakter nach elitär und vertikal ist und die umfassende Mitbeteiligung des Volkes an den politischen Entscheidungen unterdrückt. In gewissen Ländern Lateinamerikas will man diese Lehre sogar als eine Doktrin der Verteidigung der westlich-christlichen Zivilisation rechtfertigen. Sie entwickelt ein repressives System in Übereinstimmung mit ihrer Auffassung vom ›ständigen Krieg‹. In einigen Fällen bringt sie ihr Streben nach geopolitischer Vorherrschaft eindeutig zum Ausdruck.« (Puebla 547)

Der nordamerikanische Imperialismus

Helder Camara schrieb in seinem Aufruf an den lateinamerikanischen Bischofsrat: »Die multinationalen Firmen, die mit den privilegierten Gruppen unserer Länder Verbindung aufnehmen, verschärfen noch mehr die Trennung zwischen Reichen und immer ärmer werdenden Armen. CELAM (Lateinamerikanischer Bischofsrat), es liegt durchaus in deinem Aufgabenbereich, das internationale Gewissen vor den Schlichen der Multinationalen zu warnen. Sie sind gewohnt, sich auf anormalen Ebenen zu bewegen und schrecken vor keiner Maßnahme, die Erfolg bringt, zurück. Du solltest dich nicht einmal scheuen, selbst die unangenehme und zweideutige Anwesenheit des CIA im Leben unserer Völker anzuklagen. Deine Mission ist überall dort zu erfüllen, wo das Geschick der Kinder Gottes unseres Kontinents auf dem Spiel steht.« (H. Goss-Mayr, Geschenk der Armen an die Reichen, S. 149)

Und derselbe *Helder Camara* sagte in einer Rede in Harvard (1969): »Die fünf größten Konzerne Nordamerikas (General Motors, Ford, Standard Oil, General Electric und Chrysler) hatten 1965 ein Verkaufsvolumen von ungefähr 55 255 Mrd. US, siebenmal mehr als im ganzen gleichen Jahr die Budgets Brasiliens, Argentiniens, Mexicos, Chiles, Venezuelas und Kolumbiens ausmachten, die sich insgesamt kaum auf die Summe von 8,177 Mrd. US beliefern.« (H. Camara, Es ist Zeit, S. 127)

Wichtige theologische Themen in Medellín

Die Armen erheben – nach der wachen Feststellung in *Medellín* – ihren stummen Schrei, der zur Herausforderung für die ganze Kirche wird: »Der Lateinamerikanische Episkopat darf angesichts der ungeheuren sozialen Ungerechtigkeiten in Lateinamerika nicht gleichgültig bleiben; Ungerechtigkeiten, die die Mehrheit unserer Völker in einer schmerzhaften Armut halten, die in sehr vielen Fällen an unmenschliches Elend grenzt.
Es erhebt sich ein stummer Schrei von Millionen von Menschen, die von ihren Hirten eine Befreiung erbitten, die ihnen von keiner Seite gewährt wird. ›Ihr hört uns jetzt schweigend zu, aber wir hören den Schrei, der aus euren Leiden emporsteigt‹, sagte Papst Paul VI. den Landarbeitern in Kolumbien.
Und auch uns erreichen die Klagen, daß die Hierarchie, der Klerus und die Ordensleute reich und mit den Reichen verbündet sind. Dazu müssen wir feststellen, daß sehr häufig der Schein mit der Wirklichkeit verwechselt wird. Viele Ursachen haben dazu beigetragen, dieses Bild einer reichen kirchlichen Hierarchie zu schaffen. Die großen Gebäude, die Häuser der Pfarrer und der Ordensleute – wenn sie größer sind als die des Stadtviertels, in dem sie stehen –, die eigenen, manchmal aufwendigen Fahrzeuge, die aus früheren Epochen stammende Art sich zu kleiden, sind einige dieser Gründe gewesen.« (Medellín 14,1–2)
»Nachdem wir dies alles gesagt haben, muß mit Nachdruck betont werden, daß das Beispiel und die Lehre Christi, die beängstigende Lage von Millionen Armen in Lateinamerika und

die dringenden Ermahnungen des Papstes und des Konzils die lateinamerikanische Kirche vor eine Herausforderung und eine Aufgabe stellen, denen sie nicht ausweichen kann und auf die sie mit Sorgfalt und Kühnheit – der Dringlichkeit der Zeit angemessen – Antwort geben muß.

Christus, unser Erlöser, liebte nicht nur die Armen, sondern ›er, der reich war, machte sich arm‹, lebte in Armut, konzentrierte seine Sendung darauf, daß er den Armen ihre Befreiung verkündete und gründete seine Kirche als Zeichen dieser Armut unter den Menschen.

Die Kirche hat sich immer bemüht, diese Berufung zu erfüllen, trotz ›unserer vielen Schwächen und unserer Zusammenbrüche in der Vergangenheit‹. Die Kirche in Lateinamerika spürt angesichts der Bedingungen der Armut und der Unterentwicklung des Kontinents die Dringlichkeit, diesen Geist der Armut in Gesten, Haltung und Normen auszudrücken, die sie zu einem leuchtenderen und echteren Zeichen ihres Herrn macht. Die Armut so vieler Brüder und Schwestern schreit nach Gerechtigkeit, Solidarität, Zeugnis, Engagement, Anstrengung und Überwindung für die volle Erfüllung des von Christus anvertrauten Heilsauftrages.« (Medellín 14,7)

Nächstenliebe muß nach *Medellín* zu gerechteren Strukturen in der Gesellschaft führen, wenn man die institutionalisierte Gewalt überwinden will: »Wenn der Christ an die Fruchtbarkeit des Friedens glaubt, um zur Gerechtigkeit zu gelangen, glaubt er auch, daß die Gerechtigkeit eine unumgängliche Bedingung für den Frieden ist. Er übersieht nicht, daß sich Lateinamerika in vielen Gebieten in einer Situation der Ungerechtigkeit befindet, die man institutionalisierte Gewalt nennen kann. Nämlich dann, wenn durch Unzulänglichkeit der Strukturen der industriellen und landwirtschaftlichen Unternehmen, der nationalen und internationalen Wirtschaft, des kulturellen und politischen Lebens ›ganze Völker das Notwendigste entbehren und in einer Abhängigkeit leben, die sie an der Initiative und Verantwortung sowie am kulturellen Aufstieg hindert‹, und auf diese Weise fundamentale Rechte verletzt werden. Eine solche Situation erfordert

vollständige, kühne, dringende und tiefgreifend erneuernde Umwandlungen. Es darf uns darum nicht wundern, daß in Lateinamerika ›die Versuchung zur Gewalt‹ aufbricht. Die Geduld eines Volkes, das jahrelang Bedingungen erträgt, die schwerlich von denjenigen akzeptiert würden, die ein besseres Bewußtsein der Menschenrechte haben, darf nicht mißbraucht werden.
Angesichts einer Situation, die so schwerwiegend gegen die Würde des Menschen und damit gegen den Frieden verstößt, wenden wir uns als Hirten an alle Mitglieder des christlichen Volkes, damit sie ihre schwere Verantwortung in der Förderung des Friedens in Lateinamerika übernehmen.« (Medellín 2,16)
Die geschichtliche Dimension des Glaubens äußert sich aus der Sicht von Medellín in den »Zeichen der Zeit«: »Als Christen glauben wir, daß diese historische Etappe Lateinamerikas eng mit der Heilsgeschichte verbunden ist.
Als Hirten mit einer gemeinsamen Verantwortung möchten wir uns mit dem Leben aller unserer Völker verpflichtend verbinden in der angstvollen Suche nach geeigneten Lösungen für ihre vielfachen Probleme. Unsere Sendung ist es, zur ganzheitlichen Entwicklung des Menschen und der Gemeinschaften des Kontinents beizutragen.
Wir glauben, daß wir uns in einem neuen historischen Abschnitt befinden. Er erfordert Klarheit zum Sehen, Deutlichkeit zum Beurteilen und Solidarität zum Handeln.
Im Lichte des Glaubens, den wir gläubig bekennen, haben wir uns bemüht, den Plan Gottes in den ›Zeichen der Zeit‹ zu erkennen. Wir deuten die Bestrebungen und Klagen Lateinamerikas als Zeichen, die die Ausrichtung des Gottesplanes offenbaren, der in der Erlöserliebe Christi wirkt. Diese verankert die Bestrebungen im Bewußtsein einer brüderlichen Solidarität.
Aus Treue zu diesem Plan Gottes und um den in die Kirche gesetzten Hoffnungen zu entsprechen, möchten wir das anbieten, was wir als Ureigenstes haben: eine Gesamtsicht des Menschen und der Menschheit und die ganzheitliche Sicht des lateinamerikanischen Menschen in der Entwicklung.

Darum fühlen wir uns solidarisch mit den Verantwortungen, die in dieser Etappe der Umwandlung Lateinamerikas aufgetreten sind.« (Medellín, Botschaft an die Völker Lateinamerikas)

5 Literatur zur Vertiefung des Themas

Der wirtschaftliche Kontext

Biancucci, Dritte Welt–Unsere Welt (Zürich 1985): Ein Buch für den Unterricht und die Gruppenarbeit. Wichtige Themen sind die Unterentwicklung und die unterschiedlichen Entwicklungstheorien, die Bibel als Fundament des christlichen Engagements und die Reaktion der Kirche in Lateinamerika und Europa (BRD).

Breidenstein, G., Internationale Konzerne (Hamburg 1978): Es handelt sich um ein Arbeitsbuch für Schule und Gruppen.

Cardoso, F./Faletto, E., Abhängigkeit und Entwicklung in Lateinamerika (Frankfurt 1976): Dieses von zwei brasilianischen Wissenschaftler geschriebene Buch bringt eine umfassende Darstellung der Unterentwicklung-Abhängigkeit und des geschichtlichen Wandels in Lateinamerika.

Fröbel, F./Heinrichs, J./Kreye, O., Der Umbruch in der Weltwirtschaft (Hamburg 1986): Es wird ein guter Überblick über die neue internationale Arbeitsteilung bzw. über die Verlagerung der Produktion in Billiglohnländer angeboten.

Galeano, E., Die offenen Adern Lateinamerikas. Die Geschichte eines Kontinents von der Entdeckung bis zur Gegenwart (Wuppertal 1978): Ein hilfreiches und besonders geeignetes Werk um die geschichtliche Entwicklung der Unterentwicklung zu verstehen.

Informationszentrum Dritte Welt, Freiburg (Hrsg), Entwicklungspolitik: Hilfe oder Ausbeutung? Die entwicklungspolitische Praxis der BRD und ihre wirtschaftliche Hintergründe (Freiburg 1984): Wer sich über die Problematik der Entwicklungshilfe informieren will, soll dieses Buch lesen. Das statistische Material ist verständlich auch für Nichtfachleute.

Olle, W., Bundesdeutsche Konzerne in der Dritten Welt (Bornheim-Merten 1986): Dieses Buch analysiert, auch für Nichtfachleute, welche Rolle deutsche Konzerne in der Dritten Welt spielen.
Strahm, R. H., Warum sie so arm sind. Arbeitsbuch zur Entwicklung der Unterentwicklung in der Dritten Welt mit Schaubildern und Kommentaren (Wuppertal 1985): Die Schaubilder und die entsprechenden Kommentare zeigen in eindrucksvoller Form die wichtigsten Zusammenhänge und Ursachen der Unterentwicklung. Ein sehr gutes Buch für Unterricht und Gruppenarbeit.

Der soziopolitische Kontext

Krippendorf, E., Die amerikanische Strategie (Frankfurt 1970): Eine gute dokumentierte Arbeit über die amerikanische Einmischung in Lateinamerika.
Niess, F., Der Koloss im Norden. Die Lateinamerikapolitik der USA (Köln 1983): Geschichte der Lateinamerikapolitik von der Monroe-Doktrin (1823) bis heute.
Solidaritätsshop Dritte Welt-Frankfurt (Hrsg). Eine neue interamerikanische Politik für die 80er Jahre. Geheimdokument des Komitees von Santa Fe: Das Heft enthält die politischen Vorschläge, die das Komitee von Santa Fe (USA) im Mai 1980 für die Administration Reagan vorbereitet hat. Hier wird ausdrücklich auch die Theologie der Befreiung und die Rolle der Kirche in Lateinamerika erwähnt.

Zu Kuba
Frei Betto, Nachtgespräche mit Fidel. Autobiografisches. Kuba. Sozialismus. Christentum. Theologie der Befreiung (Fribourg 1986): Das Buch schildert die Lage im heutigen Kuba; Fidel Castro äußert sich in diesen Gesprächen auch über die Kirche und ihre Rolle.
Noggler, O., Kuba, in: *Prien, H. I.*, Lateinamerika: Gesellschaft-Kirche-Theologie, Bd. 1 (Göttingen 1981): Die Arbeit

beschreibt die geschichtliche Entwicklung Kubas im religiösen und politischen Bereich.

Zu Chile

Noggler, O., Chile, in: *Prien, H. J.*, Lateinamerika: Gesellschaft-Kirche-Theologie, Bd. 1 (Göttingen 1981). Es wird die Entwicklung der Kirche in Chile vom II Vatikanischen Konzil bis zum chilenischen Weg des Sozialismus von Salvador Allende gezeichnet.

Zur Doktrin der nationalen Sicherheit

Schöpfer, H., Lateinamerikanische Befreiungstheologie (Stuttgart/Berlin/Köln/Mainz 1979), S. 50–101; der dritte Teil dieses Buches gibt den historischen Hintergrund, den nordamerikanischen Einfluß und die Herausforderung an die Kirche wieder.

Cosmao, V., Die Ideologie der nationalen Sicherheit, in: Concilium 12 (1980) 692–695: Hier wird die blockierende Wirkung einer politischen Ideologie gezeigt. Es wird auch dargestellt, wie sich diese Ideologie als Bedingung der Freiheit (für wenige!) »christlich« zu legitimieren versuchte.

Der kirchliche Kontext

Noggler, O., Das erste Entwicklungsjahrzehnt vom II Vatikanischen Konzil bis Medellín, in: *Prien, H. J.*, Lateinamerika: Gesellschaft-Kirche-Theologie, Bd. 1 (Göttingen 1981): Lateinamerikanische Kirchengeschichte.

Dussel, E., Die lateinamerikanische Kirche von Medellín bis Puebla, in: *Prien, H. I.*, Lateinamerika: Gesellschaft-Kirche-Theologie, Bd. 1 (Göttingen 1981): Die Arbeit gibt ebenfalls einen guten Überblick über die lateinamerikanische Kirchengeschichte.

Freire, P./Frei Betto, Schule, die leben heißt. Befreiungstheologie konkret. Ein Gespräch (München 1986): Paulo Freire hat einen großen Einfluß auf die Entwicklung der Theologie der

Befreiung. Viele seiner Ideen sind Bestandteil der Theologie der Befreiung geworden.
Freire, P., Pädagogik der Unterdrückte (Hamburg 1978): Das Buch enthält die pädagogischen Grundideen Paulo Freires: Befreiung als wechselseitiger Prozeß, das Verhältnis Lehrer-Schüler und die Bildung als Praxis der Freiheit.

II Was ist Theologie der Befreiung?

1 Eine theologische Rechtfertigung

Es sollen im folgenden nicht so sehr Einzelargumente für die Theologie der Befreiung gesammelt, es soll vielmehr die grundsätzliche Frage erörtert werden, ob es legitim ist, von der Möglichkeit einer neuen Theologie zu sprechen, oder besser von einer neuen Art Theologie zu treiben. Diese Frage bzw. die Antwort, die auf diese Frage gegeben wird, entscheidet nicht nur über die Orthodoxie einer Theologie der Befreiung, sondern über die Möglichkeit, überhaupt Theologie der Befreiung zu treiben.
Das Fundament der Theologie ist das Wort Gottes. In dem päpstlichen Rundschreiben »Evangelii Nuntiandi« (Evangelisierung in der Welt von heute) heißt es: »Die Kirche ist Hüterin der Frohbotschaft, die es zu verkündigen gilt. Die Verheißungen des Neuen Bundes in Jesus Christus, die Predigt des Herrn und der Apostel, das Wort des Lebens, die Quellen der Gnade und der Güte Gottes, der Weg des Heiles: All dies ist der Kirche anvertraut worden. Das ist der Inhalt des Evangeliums und folglich der Evangelisierung, den die Kirche als lebendigen und kostbaren Schatz hütet, nicht um ihn verborgen zu halten, sondern um ihn mitzuteilen« (EN 15).
Das ist eine unumstrittene Tatsache für die Theologie. Die Kirche muß dieses »Wort des Lebens« weitergeben, um zu »evangelisieren«. Adressat dieser Evangelisierung ist der Mensch, der in Zeit und Raum lebt. Anders gesagt, Empfänger der Evangelisierung ist der historische Mensch, der in einer konkreten Gruppe lebt und in einer bestimmten Art und Weise die Realität um sich herum sieht und wahrnimmt. Empfänger ist der konkrete Mensch, der eine bestimmte Kultur schafft.
Die Tatsache, daß der Mensch ein kulturelles Wesen ist, zeigt die Notwendigkeit der Inkulturation des Evangeliums. Inkulturation

des Evangeliums bedeutet, daß das lebendige Evangelium in einer lebendigen Kultur durch die Kirche gelebt wird, mit all den Auseinandersetzungen, die das konkrete Leben mit sich bringt. Daher gibt es auch keine Verkündigung des Evangeliums ohne Inkulturation. Konkret: Die Botschaft muß das ganze Leben erfassen, wie »Evangelii Nuntiandi« sagt.

So können wir heute von einer neuen Bibellektüre dort sprechen, wo das Wort Gottes in neuen kulturellen, ethnischen oder geschichtlichen Situationen zum Ausdruck kommt. Eine neue Art, die Bibel zu lesen, ist also immer dort anzutreffen, wo Menschen in bestimmten neuen geschichtlichen Situationen das Wort Gottes (die Evangelisierung) annehmen und sich zu eigen machen.

In Medellín wird dieser Gedanke so ausgedrückt: »Der Glaube erreicht den Menschen immer eingehüllt in eine kulturbedingte Sprache« (Med. 6,4).

Das gilt nicht nur, weil dasselbe Wort Gottes an verschiedene Menschen gerichtet ist, sondern auch, weil das Wort (und auch das Wort Gottes) verschiedene Dimensionen hat.

Das Phänomen »Wort – Sprache« besitzt viele Aspekte, und natürlich haben diese verschiedenen Aspekte auch Bedeutung für das Zeugnis vom Wort Gottes, das wir in der Bibel finden. Wir können folgende Aspekte unterscheiden:

– *Die personale Dimension:* Durch das Wort drückt die Person ihre Interiorität, ihr Wesen, aus. Man kann nicht alle persönlichen und intimen Erfahrungen ausdrücken, aber die Sprache ist das wichtigste und beste Instrument dazu.

– *Die interpersonale Dimension:* Das Wort bzw. die Sprache erlaubt uns, Kontakt mit anderen zu knüpfen.

– *Die gemeinschaftliche Dimension:* Das Wort ist da, um in Beziehung zu treten. Deshalb kann es nicht etwas nur Individuelles sein, bildet es doch eine gesellschaftliche Struktur, bzw. ist das Ergebnis einer gesellschaftlichen Struktur, die der einzelne schon findet und nicht erfinden kann.

– *Die geschichtliche Dimension:* Der Mensch ist ein geschichtliches Wesen, das heißt ein Wesen in einem ständigen Prozeß der Wandlung. Auch das Wort hat eine geschichtliche Dimension,

weil es von Zeit und Raum abhängig ist, es ist wie der Mensch selbst. Um das Wort zu verstehen, darf diese Beziehung zur Zeit und zum Raum nicht vergessen werden.
Ein anderes Argument, um eine Theologie der Befreiung zu rechtfertigen, ergibt sich im Blick auf die notwendige Verbindung, welche die Evangelisierung mit der Entfaltung des Menschen behalten muß. In »Evangelii Nuntiandi« wird darauf hingewiesen, daß drei Arten dieser Verbindung bestehen:
– Eine Verbindung *anthropologischer* Natur, »denn der Mensch, dem die Evangelisierung gilt, ist kein abstraktes Wesen, sondern sozialen und wirtschaftlichen Problemen unterworfen«.
– Eine Verbindung *theologischer* Natur »da man ja den Schöpfungsplan nicht vom Erlösungsplan trennen kann, der hineinreicht bis in die ganz konkreten Situationen des Unrechts, das es zu bekämpfen, und der Gerechtigkeit, die es wiederherzustellen gilt«.
– Eine Verbindung *biblischer* Ordnung, nämlich die der Liebe: »wie könnte man in der Tat das neue Gebot verkünden, ohne in der Gerechtigkeit und im wahren Frieden das echte Wachstum des Menschen zu fördern?« (EN 31)
So läßt sich behaupten: Wo eine neue kulturelle Welt entsteht, da ist auch der Ort für eine neue Bibellektüre. Die Konstitution »Gaudium et Spes« stellt fest, daß ein rascher und tiefgreifender kultureller Wandel stattfindet:
»So vollzieht die Menschheit einen Übergang von einem mehr statischen Verständnis der Ordnung der Gesamtwirklichkeit zu einem mehr dynamischen und evolutiven Verständnis« (GS 5). Hier entsteht ein neues Bewußtsein, daß der Mensch Schöpfer der eigenen Kultur ist.
Der Mensch weiß, daß er durch das eigene Handeln die Geschichte beeinflußen kann. Dieses Handeln heißt »geschichtliche Praxis« oder einfach »Praxis«. In Lateinamerika übernimmt dieses schöpferische Handeln der Menschen eine bestimmte Färbung: »befreiende Praxis«. Diese »befreiende Praxis« wird durch viele Gruppen vorangetrieben. Nicht alle diese Gruppen

lassen sich in ihrer »befreienden Praxis« durch das Evangelium leiten. Aber die große Mehrheit nimmt das Evangelium als eine wichtige Anregung für ihre politische Aktion (befreiende Praxis).

Die Einsicht, daß unter gewandelten kulturellen Bedingungen eine neue Lektüre des Wortes Gottes notwendig ist, hat Konsequenzen auch und gerade für die Theologie der Befreiung. In der Tat, die »befreiende Praxis« ist die Ausdrucksform einer neuen Kultur. In ihr sind viele Christen Lateinamerikas engagiert. Angesichts dieser Situation fragt die Theologie der Befreiung, warum es nicht möglich sein sollte, die biblische Botschaft der Erlösung in diesem neuen Kontext zu lesen, sie hier und heute zu »inkulturieren«. Die Antwort auf diese Frage haben die Christen in den Basisgemeinden längst gegeben. Sie haben eine Theologie der Befreiung ins Leben gerufen, als sie das Wort Gottes in ihrer konkrete Situation reflektiert haben.

Ausgehend von dieser Reflexion haben die Fachtheologen eine systematische Darstellung der Theologie der Befreiung ausgearbeitet und ihre Artikel und Bücher sind das, was wir heute »Theologie der Befreiung« im technischen Sinne nennen. Aber die »wahre« Theologie der Befreiung kann nur mit den Armen »gelesen« werden.

Daß diese neue Art, die Bibel zu lesen, bzw. Theologie zu treiben, gefährlich sein kann, wird von der Geschichte belegt. Zwar ist die Gefahr, die christliche Botschaft für politische Zwecke auszunutzen, die Politisierung des Evangeliums also, nicht zu leugnen. Die andere Gefahr aber, die Gefahr, die Botschaft auf das »Innere« zu beschränken, darf nicht vergessen werden. Das Dokument »Evangelii Nuntiandi« hält fest: »Die Evangelisierung [. . .] kann sich nicht einfach auf die begrenzte wirtschaftliche, politische, soziale oder kulturelle Dimension beschränken, sondern muß den ganzen Menschen in allen seinen Dimensionen sehen, einschließlich seiner Öffnung auf das Absolute, das Gott ist« (EN 33).

Aber die Gefahr allein ist kein Grund, zu vernachlässigen, was unbedingt notwendig ist. Angst darf nicht hindern, das zu tun,

was die Evangelisierung heute verlangt: »Der Beistand, der Heilige Geist, den der Vater in meinem Namen senden wird, der wird euch alles lehren und euch an alles erinnern, was ich euch gesagt habe« (Joh. 14,26). Wer an diesen Beistand glaubt, braucht keine Angst zu haben. Er ist allen versprochen, nicht nur den Einzelnen, sondern insbesondere auch der Gemeinde, in der auch die Leiter ihren natürlichen Platz haben.
Es dürfte deutlich geworden sein, daß die Theologie der Befreiung nicht nur de facto einen Platz in der Kirche hat, weil einige Theologen das so gewollt haben, sondern, daß sie einen Platz in der Kirche haben muß, wenn die Kirche dem Evangelium treu bleiben will. Auf dem Rückflug von Perú sagte *Johannes Paul II.* im Gespräch mit Journalisten: »Es wurde klar gesagt, daß es eine Kategorie der Befreiungstheologie gibt, auf die man nicht verzichten kann. Man muß diese Theologie treiben, aber sie vor Abirrungen bewahren«[1].

2 Einige Voraussetzungen der Theologie der Befreiung

Die Grundentscheidung der Theologie der Befreiung: Die vorrangige Option für die Armen

L. Boff nennt diese Entscheidung »die wichtigste theologische und historische Veränderung seit der protestantischen Reformation im 16. Jahrhundert«[2].
Diese Entscheidung der Kirche in Lateinamerika war nicht neu. Schon 1968 in Medellín hatten sich die Bischöfe klar mit den Armen solidarisiert und offiziell Partei ergriffen. In Puebla wurde das Thema dann heftig diskutiert. Interessierte Kreise versuchten, diese Frage an den Rand zu drängen und sie zu spiritualisieren. Aber Puebla blieb auf der einmal eingeschlagenen Linie und betonte ausdrücklich seine Kontinuität mit Medellín. In seinen Dokumenten geht es um die reale Identifizierung mit den Armen, mit ihren Leiden und Freuden und mit ihrem

Kampf gegen die Ungerechtigkeit und ihrer Sehnsucht nach Befreiung.
Nun muß man dabei klarstellen, daß diese vorrangige Option für die Armen nicht ausschließlich ist. Eine Ausschließlichkeit würde die Botschaft des Evangeliums verstümmeln, denn die Botschaft wendet sich ja an alle Menschen. Aber sie gibt den Armen den Vortritt.

Die institutionalisierte Ungerechtigkeit

Ganz gemäß den Aussagen von Medellín (Med. 1) und Puebla (P 46) stellt die Situation der Armut, in der die Mehrheit der Menschen in Lateinamerika leben muß, für die Theologie der Befreiung eine »institutionalisierte Ungerechtigkeit« dar. Puebla begnügt sich nicht damit, die Situation der Unterdrückung zu beschreiben, sondern erwähnt auch die Tatsache der Repression, die die Unterdrückung aufrechterhalten will: »Zu diesen Ängsten kommen andere hinzu, die sich aus dem in Gewaltregimen typischen Machtmißbrauch ergeben. Es sind die Ängste, die das Ergebnis einer systematischen oder selektiven Repression sind, die von Denunzierungen, der Verletzung der privaten Sphäre, einem unangemessenen Druck, Foltern und Verbannung begleitet sind. Es sind Ängste, die in so vielen Familien aufgrund des Verschwindens geliebter Angehöriger aufsteigen, von denen sie keinerlei Nachricht erhalten.
Es ist die völlige Unsicherheit, die durch Verhaftungen ohne richterliche Anweisung entsteht. Es sind die Ängste, die sich aus einer Ausübung der Justiz ergeben, die abhängig oder gefesselt ist. So wie es die Päpste gefordert haben, muß die Kirche, auf der Grundlage einer echten Verpflichtung im Geist des Evangeliums, ihre Stimme erheben und solche Situationen anklagen und verdammen, dies um so mehr, wenn die Regierenden oder Verantwortlichen sich zum Christentum bekennen.« (Puebla 42).
Puebla weist nicht nur auf die vielfältigen Erscheinungsformen

der Armut hin, sondern verschweigt auch deren Ursachen nicht: »Untersuchen wir die Situation eingehender, so stellen wir fest, daß diese Armut nicht Zufall, sondern Ergebnis wirtschaftlicher, sozialer, politischer und anderer Gegebenheiten und Strukturen ist. Hierzu gehört der innere Zustand unserer Staaten, der in vielen Fällen seinen Ursprung und Fortbestand aus Mechanismen herleitet, die, da sie nicht von echter Menschlichkeit, sondern vom Materialismus geprägt sind, auf internationaler Ebene die Reichen immer reicher werden lassen auf Kosten der Armen, die immer mehr verarmen.« (Puebla 30).

Daß hier zur Darstellung der Grundentscheidung der Theologie der Befreiung fast ausschließlich die Texte von Puebla und Medellín zu Wort kamen, ist nicht zufällig, sondern hat vielmehr zwei gute Gründe: Erstens handelt es sich um offizielle Dokumente der Kirche, die über jeden vorschnellen Verdacht erhaben sind. Zweitens aber machen sie deutlich, wie tief die Reflexion der Theologie der Befreiung schon gedrungen war. *Gustavo Gutiérrez* schreibt in seinem Buch »Die historische Macht der Armen«: »Die Theologie der Befreiung beruht auf zwei Grundintentionen, die, chronologisch gesehen, die ersten waren und nach wie vor ihr Rückgrat bilden: die theologische Methode und die Perspektive der Armen«[3]. Die offiziellen Dokumente der lateinamerikanischen Kirche haben diese beiden Grundintentionen bestätigt.

3 Eine neue Art des theologischen Denkens

Die traditionelle Theologie, die lange Zeit in Lehre und Forschung das Sagen hatte, war geboren und aufgewachsen in einer Kultur, die den spekulativen Charakter der reinen, von allem Irdischen unberührten Schau des Göttlichen in sich trug. Sie war eine Theologie, die man als »Weisheit« bezeichnen könnte[4]. Sie wurde von Mönchen gepflegt, in einer Distanz zur weltlichen Tätigkeit. Dieser Richtung in der Theologie folgt eine zweite, die wir Theologie als rationales Wissen nennen können. Vom 12. Jahrhundert an geht diese Theologie mehr und mehr den Weg der Wissenschaft. Der Höhepunkt wird mit *Thomas von Aquin* erreicht. Im Werk dieses Dominikaners erscheint die Theologie als eine intellektuelle Disziplin, Frucht des Zusammentreffens von Glauben und Vernunft, von einem hohen Grad an Abstraktion geprägt. Aber die Bedürfnisse der heutigen Welt und die neue kulturelle Mentalität brauchten eine neue Theologie, die Antwort auf die neuen religiösen Probleme geben mußte. »Gegenstand der Theologie«, so hält *L. Boff* fest, sei nicht nur Gott, der sich offenbart hat, sondern darüber hinaus auch alle Wirklichkeit, insoweit sie im Lichte Gottes betrachtet wird. Boff betont, daß auch Thomas von Aquin in seiner »Summa Theologica« schon diese Optik vertreten hatte. Damit ist einschlußweise gesagt, daß es zum Auftrag der Theologie gehört, auch über Politik, Wirtschaft, Erziehung und alles andere zu sprechen, sofern es sich nicht nur um eine politische oder ökonomische, sondern eben theologische Rede handelt, in welcher »die Dinge im Lichte Gottes angegangen werden«[5]. *Leonardo* und *Clodovis Boff* sprechen darum von der »Begegnung mit Christus, dem Armen in den Armen: Ursprung der Theologie der Befreiung. Jede theologische Wahrheit entsteht aus einer Spiritualität, mit anderen Worten: Aus einer tiefen Begegnung mit Gott in der Geschichte. Die Theologie der Befreiung ist erwachsen aus der Konfrontation des Glaubens mit dem Unrecht, das den Armen angetan wird«[6].

Nun war seit einigen Jahrzehnten eine andere neuere Richtung in der Theologie entstanden, die in dem neuen kulturellen Kontext einer mehr existentiell-personalistischen Theologie, also der Person und ihrer konkreten Problematik besondere Aufmerksamkeit schenkte.

Die Lateinamerikaner haben unter dem Druck der konkreten Probleme diese Theologie zunächst sofort begeistert aufgenommen. Dabei aber bemerkten sie bald, daß trotz aller Fortschritte auch diese, im wesentlichen westeuropäische und nordamerikanische Theologie noch zu abstrakt für die bedrückenden Probleme Lateinamerikas war. Das Engagement für die Befreiung, das im ersten Kapitel beschrieben wurde, brachte eine neue Fragestellung historischer und praxisnaher Art hervor: eine Fragestellung, die den geschichtlichen Weg der lateinamerikanischen Menschen erklären konnte und im Kern das Problem der Veränderung einer ungerechten Gesellschaft betraf. Die lateinamerikanische Theologie plädiert jetzt für eine kulturell-geschichtliche und praxisbezogene Fragestellung. Um all das zu erreichen, war die »kulturelle Bekehrung«, von der oben gesprochen wurde, dringend notwendig. Die Befreiungstheologen lehnen also die klassische Theologie nicht ab, weil sie falsch ist, sondern weil in ihrem Horizont die konkrete Problematik Lateinamerikas nicht zureichend zu verstehen und nur ungenügend zu artikulieren ist.

Die Theologie der Befreiung behauptet durchgängig, daß sie eine neue Art, Theologie zu treiben, beabsichtige. Wo liegt die Neuheit? *L. Boff* schreibt: »Die Theologie ist die Frucht der Begegnung zwischen Glauben und Vernunft. Die Vernunft ist nun aber stets geschichtlich; sie ist nicht über dem Nichts schwebend tätig. Sie unterliegt den spezifischen Bedingungen einer jeden Epoche und bedient sich bestimmter Werkzeuge, die je nach Zeit unterschiedlich sind«[7]. Die Geschichtlichkeit der Vernunft zeigt, wie wichtig es stets ist, die Bedingungen jeder Epoche zu unterscheiden: die Probleme und die Art und Weise, die Problemstellung zu reflektieren. Das Neue der Theologie der Befreiung wird deutlich, wenn man sich ihr Ziel, ihre Methode und ihre Kategorien vor Augen führt.

4 Die Fragen und das Ziel der neuen Theologie

Die Fragen der Theologie wurden nicht immer gleich gestellt. Die klassische »Theologie« fragte nach dem Inhalt des Glaubens und seiner Begründung.

Die Existentielle Theologie fragte sich, wie das Wort Gottes erfahren und ausgelegt werden könne für die jeweils konkrete und persönliche Situation des modernen Menschen. Die Theologie der Befreiung dagegen fragt sich, inwieweit die Glaubensinhalte mit der Befreiungspraxis zu verbinden sind. Was haben Gott, Jesus, Kirche, Sakramente usw. mit der konkreten Situation der Unterdrückung, Armut und Ausbeutung in Lateinamerika zu tun? Wie können diese Glaubensinhalte dazu beitragen, jene ungerechte Situation zu verändern?

Es ist das Ziel, was einer Theologie ihre bestimmte Originalität gibt. Die klassische Theologie zielte auf die Erkenntnis der Wirklichkeit in sich. Der Theologe versuchte ein »Verständnis« des Glaubens zu erreichen, das heißt so tief wie möglich in die Geheimnisse Gottes, des Menschen und seiner Welt einzudringen.

Die existentielle Theologie dagegen versuchte aufzuzeigen, wie die Offenbarung Gottes dem konkreten Menschen in seiner Tiefe Antwort zu geben vermochte.

Die Theologie der Befreiung ist demgegenüber immer auch an der Veränderung der widersprüchlichen konkreten Situation des Menschen orientiert, das heißt diese Theologie will »praxisgerichtet« sein. Sie zielt auf Änderung der Verhältnisse, wo diese dem Evangelium widersprechen. Sie gibt sich nicht zufrieden mit der Erkenntnis oder mit der Erklärung der Welt, sie will diese Welt verändern.

5 Eine neue Methode: Praxis als Zentrum theologischer Reflexion

Bei *G. Gutiérrez* heißt es: »Die Theologie der Befreiung ist kritische Reflexion der geschichtlichen Praxis im Lichte des Glaubens«[8]. Dies ist genau, was auch der französische Theologe *Y. Congar* verlangte, als er schrieb: »Statt nur von den Gegebenheiten der Offenbarung und Tradition auszugehen, wie die klassische Theologie es im allgemeinen getan hat, muß hier von den gegebenen Fakten und Fragen der Welt und der Geschichte ausgegangen werden«[9].

theologische Reflexion der geschichtlichen Praxis im Lichte des Glaubens bedeutet demgemäß eine Analyse der Gegenwart (die gegenwärtige historische lateinamerikanische Situation) und eine theologische Interpretation dieser Gegenwart (der gegenwärtigen lateinamerikanischen Situation). Nach *Severino Croatto* hat der Theologe seine Aussagen dabei über drei Koordinaten zu entwikkeln: über die sozialen Praktiken, über die Humanwissenschaften und über den Glauben, der erleuchtet und davon erleuchtet wird[10]. Diese Bestimmungen bedürfen allerdings der Erklärung:

Eine Analyse der gegenwärtigen historischen lateinamerikanischen Situation setzt die Teilnahme an diesem historischen Prozeß voraus. Die Gegenwart Lateinamerikas ist ja keine statische Realität, sondern nur als ein historischer Prozeß zu beschreiben. Ihn zu reflektieren gelingt nur, wo man an ihm teilnimmt:

»Bevor man Theologie betreibt, muß man zuerst einmal befreiend wirken. Der erste Schritt zur Theologie ist vortheologisch. Es kommt darauf an, das Engagement des Glaubens zu leben; in unserem Fall heißt das, auf irgendeine Weise am Befreiungsprozeß teilzunehmen, sich für die Unterdrückten einzusetzen«[11].

Die Analyse der konkreten Verhältnisse ist immer beides zugleich: Bedingungsrahmen für die Durchführung der Praxis einerseits und Resultat von Praxis andererseits: »Die Theologie der Befreiung ist für die Christen Lateinamerikas nicht eine reine intellektuelle Übung, sondern eine außerordentlich wichtige Sache: Sie ist die einzige Art, Theologie zu treiben, wenn wir diese als eine Rede begreifen, die die Praxis des Glaubens reflektiert«[12]. Hier taucht natürlich die Frage auf: Warum soll die kritische Reflexion über die historische Praxis denn Theologie heißen? In der Tat: Die geforderte Analyse und Reflexion kann viel besser von den Sozial- und Humanwissenschaften betrieben werden. Eine kritische Reflexion über die Praxis aber wird theologisch, insofern diese Reflexion im Lichte des Glaubens geschieht. Gerade dieses »im Lichte des Glaubens« unterscheidet

die Theologie von den anderen Möglichkeiten der Reflexion über die Praxis (Soziologie, Politik usw.).
Die konkrete Situation ist der Ausgangspunkt für die Reflexion. So haben die Sozialwissenschaften zwar das erste Wort, aber das bedeutet nicht, daß sie das entscheidende Wort sprechen. Weil die Praxis, die die theologische Reflexion ins Auge faßt, eine Praxis der Befreiung ist, heißt solche Theologie »Theologie der Befreiung«.
Als Reflexion der Praxis erfüllt sie verschiedene Funktionen:
– sie ist *kritische Reflexion* über die Tätigkeit der Kirche und begleitet die pastorale Tätigkeit;
– sie hat den *Glauben* von einer rationalisierenden Ideologie (die eine bestimmte Ordnung rechtfertigen will) zu bewahren;
– sie hilft der *Kirche* in ihrer pastoralen Tätigkeit, nicht in Aktivismus und Kurzschlüssigkeit zu verfallen, indem sie an die Quelle der Offenbarung ständig erinnert;
– sie ist *Befreiung* von jeder Art von Fetischismus und Götzendienst und von jeder Form religiöser Entfremdung. Auch die Institution Kirche kann solche Entfremdung fördern, wenn sie die Gläubigen daran hindert, das Wort des Herrn ernst zu nehmen,
– sie übt *prophetische Funktion* aus, indem sie die konkrete Situation (die geschichtlichen Ereignisse) kritisch überprüft, das heißt die in ihnen enthaltene Bedeutung aufdeckt[13].
Um Mißverständnisse zu vermeiden: die Theologie der Befreiung will Fragen und Antworten der klassischen und existentiell-personalistischen Theologien nicht einfach vergessen. Sie setzt sie vielmehr voraus und versucht, sich ihrer in einem neuen Kontext produktiv zu vergewissern[14].

Charakterisierung der Praxis

»Praxis ist Aktivität zur Veränderung der Welt. Die geschichtliche Wirklichkeit ist Produkt der menschlichen Tätigkeit. Praxis ist die Art, an dem der Mensch seine Welt neu schafft und sich selbst prägt«[15].

Es ist nicht zufällig, daß die Theologie der Befreiung entstand, als die Befreiungsbewegungen sich bemerkbar machten und die Dependenztheorie eine neue Erklärung für die Situation der Unterentwicklung in Lateinamerika gab. So handelt es sich bei der Praxisthematik um eine notwendige Anfrage an eine auf reine Orthodoxie zielende Reflexion sowie an die entfremdende Isolierung der Theologie von den Sozialwissenschaften.

Ein Glaube, der zu keiner Praxis in unserer konfliktgeladenen Welt führt, hat für die Menschen nur entfremdende Bedeutung. Deswegen ist es für die Theologie der Befreiung unmöglich, christlichen Glauben und Praxis zu trennen. In diesem Sinne benutzt sie das Kunstwort »Orthopraxis«, das heißt christlicher Glaube ist zuerst Praxis der Befreiung. *Diese* Praxis ist Gegenstand der theologischen Reflexion, die Theologie der Befreiung heißt[16].

Die Rede vom »Primat der Praxis« hat immer wieder zu Vorwürfen gegen die Theologie der Befreiung geführt. Damit keine Mißverständnisse entstehen, sind die drei Aspekte dieses Themas zu unterscheiden: die erlösende Dimension der Praxis, die Praxis als Forderung der Liebe und die Praxis als Forderung des Glaubens.

Die erlösende Dimension der Praxis

Die Theologie der Befreiung betont die Bedeutung der »eschatologischen Dimension« – Die geschichtliche Praxis, das heißt das konkrete Handeln der Christen wird von der endgültigen Begegnung des Menschen mit dem Kommen Gottes in der Geschichte Jesu Christi provoziert und getragen. Das ist mit der »eschatologischen Dimension der Geschichte« gemeint.

Gutiérrez betont, daß sich das geschenkte Heil durch die eigene Geschichte verwirklicht. Diese Geschichte muß allerdings aus der Sicht der Armen gelesen werden, als Geschichte nicht von »oben«, sondern von »unten«. Deshalb spricht die Theologie der Befreiung von der Subversion der Geschichte. Die uns in Jesus

Christus nahe kommende Wahrheit muß getan werden. »Die Wahrheit tun« bedeutet für Gutiérrez, daß das Handeln im christlichen Leben Gottes Kommen entspricht. Es handelt sich um ein geschichtliches Handeln Gottes, das uns zur Veränderung der Welt führt. Hier kann man schon verstehen, warum die Theologie der Befreiung der Praxis eine so zentrale Bedeutung beimißt.
Trotzdem kann diese veränderte Praxis die Sehnsucht der Menschen nicht erfüllen. Denn indem der Mensch durch seine Arbeit die Welt verändert, spürt er die Grenze seiner Macht und öffnet sich der eschatologischen Dimension.
Die Praxis hat auch eine erlösende Dimension, indem wir durch den Glauben den tiefen Sinn der von uns gestalteten Geschichte entdecken. Denn der Glaube läßt uns im Licht des Evangeliums den Wert der Begegnung mit Gott erfahren, er läßt uns den Wert des menschlichen Handelns, das zu einer gerechteren Gesellschaft beiträgt, verspüren und so den Unwert der Ungerechtigkeit, die uns von Gott und von den Mitmenschen trennt, deutlich erkennen. So kann man verstehen, daß die Theologie der Befreiung in dem Kampf gegen das Elend und die Unterdrückung einen Schritt auf dem Weg der erlösenden Begegnung Gottes mit dem Elend der Menschen sehen kann: »Nicht der die Wahrheit kennt, kann das Heil erlangen, sondern wer die Wahrheit tut. Die Wahrheit tun im biblischen Sinne (Joh. 3,21; 1 Joh 3,19) bedeutet aber, das Leben so zu verändern, daß es möglich ist, Gott in ihm einen Platz zu geben«[17].

Die Praxis als Forderung der Liebe

Nach *Gutiérrez* hat die Praxis ihren Ursprung in der Liebe Gottes, die die Christen bewegt, sich für Gerechtigkeit und Recht einzusetzen. Die Nächsten konkret zu lieben bedeutet, eine gerechtere und brüderlichere Welt zu schaffen. In einer von Konflikten geprägten Welt ist dies möglich, aber nur, indem man Partei ergreift; nicht nur für den einzelnen Menschen, sondern auch für

Völker und Gruppen, besonders für jene, die unter Elend und Unterdrückung leiden müssen. Liebe hat eine unaufgebbare politische Dimension, sie verpflichtet uns auf die Verwandlung der Gesellschaft. So schreibt *Segundo Galilea:* »Die Tatsache des Armen als ›kollektiv-Nächsten‹ gibt der Bruderliebe ihre große soziale und politische Bedeutung. Das soziopolitische Engagement des Christen im Sinne des Evangeliums besteht, weil es Arme gibt. Politik bedeutet die Befreiung der Notleidenden«[18].

An dieser Stelle hat die Frage nach dem Verhältnis von Nächstenliebe und Klassenkampf ihren Ort. Wer für die Armen Partei ergreift, entscheidet sich für eine Klasse und gegen eine andere.

Das Evangelium berichtet von der Liebe Gottes zu allen Menschen und fordert uns auf, wie er zu lieben. Alle Menschen zu lieben aber kann nicht bedeuten, alle in gleicher Weise zu lieben. Nach *Gutiérrez* zeigen wir die Liebe zu den Unterdrückten, indem wir sie von der Unterdrückung befreien, und die Liebe zu den Unterdrückern, indem wir ihr Tun, seine Ursachen und Konsequenzen bekämpfen[19].

Auf das heikle Thema des Klassenkampfes werden wir im dritten Teil noch einmal zu sprechen kommen.

Die Praxis als Forderung des Glaubens

Im Sinne der Hl. Schrift heißt Glauben das uneingeschränkte Ja des Menschen zu Gottes Liebe. Wenn *Gutiérrez* dieses Ja als befreiende Praxis beschreibt, so meint er damit Glauben als Engagement, als totale Hingabe. Ein so verstandener Glaube richtet sich auf die Verwandlung der Welt und erhält damit eine politische Dimension. Die Gefahr, den Glauben mit politischen Optionen zu verwechseln, ist in der Tat immer gegeben. Für die Christen der reichen Kirchen aber ist sie nicht größer als die Versuchung, immer wieder zu verdrängen, was der Glaube selbst gebieterisch verlangt: tätige Liebe, Befreiung.

»Assistentialismus« oder »Reformismus« reichen nicht. Der Assistentialismus (die die Not begleitenden Hilfsmaßnahmen) hilft zwar dem einzelnen aus konkreter Not, doch läßt er ihn nicht zum Subjekt der eigenen Befreiung werden. Der Assistentialismus macht den Armen noch abhängiger. Der Reformismus versucht, die Situation zu verbessern, ohne die ungerechten Strukturen der Gesellschaft anzutasten.

Die einzige Strategie, die den Forderungen des Glaubens umfassend Rechnung trägt, ist die Strategie der Befreiung: »Die Armen überwinden ihre Unterdrückungssituation dann, wenn sie eine Strategie erarbeiten, die sich für die Umgestaltung der sozialen Beziehungen besser eignet als der Reformismus«[20].

6 Eine neue Sprache

Der schon angesprochene Unterschied zwischen den überkommenen Theologien und der Theologie der Befreiung zeigt sich auch in der Sprache, die sich beide Theologien zu eigen machen.

Die klassische Theologie benutzt Begriffe wie Natur, Wesen, Substanz usw. In der existentiellen Theologie finden wir Termini wie Kommunikation, Begegnung, Anfrage usw. Für die Theologie der Befreiung dagegen sind Begriffe wie Freiheit, Dependenz, historischer Prozeß, historische Praxis oder Unterdrükkung, Befreiung usw. unentbehrlich.

»Gegenstand« christlicher Theologie ist Gott, und zwar der geoffenbarte Gott. Aber auch alle Dinge, insofern sie im Lichte Gottes betrachtet werden, können Gegenstand der Theologie sein. So handelt es sich in der Theologie der Befreiung nicht um eine unzulässige Politisierung des Glaubens oder einen neuen Soziologismus. *Karl Rahner* hat in einem Brief an Kardinal Landázuri von Lima (16. 4. 1984) folgendes dazu geäußert: »Ich bin davon überzeugt, daß die Sozialwissenschaften für die Theologie von großer Bedeutung sind. Diese Sozialwissenschaften sind nicht die Norm der Theologie, die auf der Botschaft Jesu Christi, auf dem Evangelium und der Lehre der katholischen Kirche gründet. Aber man kann heute keine Theologie treiben, wenn man diese profanen Wissenschaften nicht zur Kenntnis nimmt«[21].

Wenn die Sozialwissenschaften so wichtig schon für die Theologie ganz allgemein sind, kann man sich vorstellen, wie unentbehrlich sie für die Theologie der Befreiung sein müssen. Darum haben sozialwissenschaftliche Begriffe in dieser Theologie einen festen Platz, gerade um eine zureichende und wahre theologische Reflexion allererst zu ermöglichen. Schon *Thomas von Aquin* erklärt in der ›Summa contra Gentiles‹ (1.2, c.3): »Durch die Kenntnisse der Realität kann man die Fehler in der Vorstellung über Gott beseitigen [. . .], die falsche Kenntnis über die Kreaturen verursacht eine falsche Vorstellung von Gott«.

Für die Analyse der sozialen Realität hat die Theologie von sich aus keine Mittel und darum darf sie auf die kritische Indienstnahme der Sozialwissenschaften nicht verzichten.

7 Inhaltliche Schwerpunkte

Der Vorwurf, die Theologie der Befreiung löse den Glauben in Politik und Soziologie auf, geht an der Theologie der Befreiung vorbei. Sie steht fest auf dem Boden des christlichen Bekenntnisses. Nur werden die Glaubensaussagen hier mit der gesellschaftlichen konkreten Situation Lateinamerikas konfrontiert. Einige Befreiungstheologen nennen dies eine »Materialisierung« der Glaubensaussagen. Unter diesem Gesichtspunkt sind die wichtigsten Inhalte des Glaubens in der Theologie der Befreiung im einzelnen darzustellen.

Erlösung und Befreiung

Es geht bei diesem Thema zunächst um die zentrale Frage, wie irdisches Wohl und ewiges Heil des Menschen zueinander stehen[22] und wie sie einem der Grundbegriffe des Christentums, dem der Erlösung, zuzuordnen sind.

Der Begriff Erlösung wurde lange Zeit unter dem gleichsam quantitativen Gesichtspunkt der »Erlösung der Ungläubigen« gesehen. Das Problem war die Zahl der Erlösten und natürlich die Rolle, die die Kirche in diesem Prozeß spielte. Diskutiert wurde immer wieder die Frage des Heilsuniversalismus (der Wille Gottes, daß alle gerettet werden; vgl. 1 Tim 2,4) und der Heilsmittlerschaft oder Heilsnotwendigkeit der Kirche. Es ging darum, ob die Erlösung für einen Menschen möglich ist, auch wenn dieser Mensch außerhalb der Kirche steht. In diesem Verständnis hatte der Begriff Erlösung zwei Komponenten: die Vergebung der Sünden im gegenwärtigen Leben und die überirdische Dimension der Erlösung nach dem Tod. Die Spiritualität, die hinter diesem Verständnis von Erlösung stand, war eine Spiritualität der Weltflucht; das Leben hier galt als Jammertal.

Heute wird Erlösung zumeist anders verstanden:

»Der christliche Glaube begreift Erlösung weder bloß geschichtlich als rückwärtsgewandtes in-Ordnung-Bringen bzw. zukunftgerichtete Revolution der bestehenden Welt (Flucht zurück bzw. Flucht nach vorn) noch als Ausstieg aus der Geschichte in eine weltlose Transzendenz (Flucht nach oben). Das christliche Erlösungsverständnis ist ganzheitlich und dialogisch: Erlösung des ganzen Menschen (mit seiner Welt) durch Gottes Liebe[23].

Statt des quantitativen Aspektes der Erlösung steht heute wiederum der Aspekt der Qualität und Intensität der Erlösung als der entscheidenden Befreiung durch Gottes Liebe im Vordergrund.

In einem Papier der Abteilung für Mission des lateinamerikanischen Bischofsrates (CELAM) kommt diese neue Auffassung von Erlösung schön zum Ausdruck: »Die Menschen antworten aus freien Stücken diesem ihnen in Christus angebotenen Heil. Sie nehmen es in gewisser Weise schon an, wenn sie – insgeheim von der Gnade angesprochen – sich bemühen, ihren Egoismus zu überwinden, und sich der Aufgabe gegenüber zu öffnen, eine gerechtere Welt aufzubauen und Gemeinschaft mit ihren Brüdern herzustellen, selbst wenn ihnen Jesus Christus ausdrücklich noch nicht bekannt ist. Sie weisen das Heil jedoch ab, wenn sie es ablehnen, die Aufgabe der ganzheitlichen menschlichen Förderung, dieses Dienstes und der Gemeinschaft mit den anderen zu übernehmen. Denn eine solche Ablehnung ist Sünde.«[24]

An die Erlösung zu glauben und auf die Erlösung zu warten, bedeutet nicht, die Welt in ihrem Wert zu mindern, sondern die Welt als Ort zu begreifen, an dem jetzt schon Erlösung symbolhaft geschieht. Als einige Freunde dem berühmten Wissenschaftler *Teilhard de Chardin* einmal vorwarfen: »Du kannst dich nicht ernsthaft für eine bessere Welt engagieren, wie wir es tun, weil du an ein Leben nach dem Tode glaubst«, lautete die Antwort Teilhards ganz einfach: »Als Mensch muß ich mich für alles, was menschlich ist, interessieren, und in diesem Sinne habe ich dieselben Verpflichtungen wie die Nichtgläubigen, für eine bessere Zukunft zu kämpfen; aber ich habe einen Grund, den nur ein gläubiger Mensch haben kann: Ich sehe in dieser Arbeit den Willen Gottes«. Diese Antwort Teilhards gibt genau die Haltung der Theologie der Befreiung wieder, wie sie *Gutiérrez* formuliert:

»Heil ist auch eine innergeschichtliche Wirklichkeit. Mehr noch: Erlösung als Gemeinschaft der Menschen mit Gott und Gemeinschaft der Menschen untereinander orientiert die Geschichte, verwandelt sie und bringt sie erst zu ihrer Vollendung.«[25]

Dieses Erlösungsverständnis hat Konsequenzen: Es gibt nicht zwei Geschichten, eine irdische Welt- und eine überirdische Heilsgeschichte, sondern es gibt nur eine Geschichte mit zwei Dimensionen, nämlich das Erlösungswerk Jesu Christi, das beide Dimensionen umgreift und zur Vollendung führt. Zur Verdeutlichung: Die Situation der Armut, Unterentwicklung und Ausbeutung, unter der Lateinamerika leidet, widerspricht nach der Theologie der Befreiung der Botschaft von der Erlösung und ist – insofern Menschen für diese Situation Verantwortung tragen –

böse Sünde. Die Sünde aber muß dort beseitigt werden, wo sie ihre Wurzeln hat, in den Herzen der Menschen wie in den Strukturen, die die Sünde ermöglichen, ja oft erzwingen. Erlösung und Befreiung sind in dieser Situation nicht zu trennen.
Die Zusage der unbedingten Liebe Gottes in Jesus Christus – und dies ist unsere Erlösung – verlangt nach wirksamen Zeichen dieser Liebe. Ein solches Zeichen ist die Vergebung der Sünden untereinander, sakramental oder extrasakramental; ein solches Zeichen der Erlösung, des Heils aber ist auch der Kampf gegen die institutionalisierte oder strukturelle Sünde, die den Menschen Lateinamerikas ein menschenwürdiges Dasein verweigert.

(1) Das Verhältnis von Schöpfung und Erlösung: In der Bibel gibt es eine starke Verbindung zwischen Schöpfung und Erlösung. Sie beschreibt die Schöpfungstat als einen Bestandteil des Heilsprozesses. So Paulus im Epheserbrief: »Gepriesen sei der Gott und Vater unseres Herrn Jesus Christus: Er hat uns mit allem Segen seines Geistes gesegnet durch unsere Gemeinschaft mit Christus im Himmel. Denn in ihm hat er uns erwählt vor der Erschaffung der Welt, damit wir heilig und untadelig leben vor Gott; er hat uns aus Liebe im voraus dazu bestimmt, seine Söhne zu werden durch Jesus Christus und nach seinem gnädigen Willen zu ihm zu gelangen« (Eph 1,3–5).
Schöpfung und Erlösung haben nur ein Ziel: die Menschen als Töchter und Söhne Gottes. Dieser Gedanke wurzelt schon im Alten Testament. So drückt Deutero-Jesaja sehr deutlich den Glauben und die Schöpfung Gottes aus, betont zugleich aber die Erlösungstat Gottes.
Für Deutero-Jesaja ist Jahwe zugleich Schöpfer und Erlöser, Schöpfung ist das Werk des Erlösers. Hier öffnet sich eine neue Perspektive: Das Schöpfungswerk Gottes wird verbunden mit der Befreiung Israels aus der ägyptischen Sklaverei.
Schöpfung und Befreiung aus Ägypten sind in den Augen des Propheten eine einzige Erlösungstat. Es ist aufschlußreich, welchen Begriff Deutero-Jesaja gebraucht, um das Entstehen des Volkes Israels auszudrücken: Der Begriff *bara,* der sonst (vgl.

Gen. 1,1) die ursprüngliche Schöpfungstat bezeichnet. Diese Identifizierung von Schöpfung und Befreiung hätte keine so große Bedeutung, wenn die Befreiung aus Ägypten kein politisches Ereignis gewesen wäre. Das Alte Testament sieht die Israeliten in Ägypten wie im »Sklavenhaus« (Ex 20,2): in Unterdrückung (Ex 1,10–11), entfremdeter Arbeit (Ex 5,6–9), zwangsweiser Nachwuchsbeschränkung (Ex 1,15–22) und Demütigung (Ex 1,13–14), in einer Situation, die nach Befreiung schreien läßt.

Die Ähnlichkeiten in der Beschreibung der Bibel und in der Beschreibung der lateinamerikanischen Situation sind auffallend. Die Israeliten hörten nicht auf Mose, weil sie vor harter Arbeit verzagten. Die ganze Pädagogik der Unterdrückten, wie sie *Paulo Freire* ausgearbeitet hat, verfolgt die Aufgabe, das unterdrückte Bewußtsein des Volkes zu wecken, damit die Menschen wieder Mut haben, gegen die Unterdrückung zu kämpfen, statt sich mit der Unterdrückung abzufinden bis zu dem Punkt, wo sie als Normalfall angesehen wird. »Das erste Charakteristikum der antidialogischen Aktion liegt im Zwang der Unterwerfung.«[26]

Entfremdung und Resignation saßen im Volk Israel so tief, daß sie auch später noch, als sie schon Ägypten verlassen hatten, sich bei Mose wegen der neuen Verantwortung in Freiheit beklagten.

In der politischen Tat der Befreiung aus Ägypten zeigt Gott dem Volk seine Liebe. Aber das Volk versteht diese Befreiung nicht nur als eine politische Befreiung, sondern es ordnet sie der ganzheitlichen Befreiung zu, der Erlösung und endgültigen Vollendung bei Gott. Der Bundesschluß am Sinai gibt der Befreiung aus Ägypten ihren vollen Sinn, die ihrerseits als wirkmächtiges Vorzeichen der Bundestreue Jahwes angesehen wird. So werden Bundesschluß und Befreiung aus Ägypten zwei Aspekte einer und derselben Bewegung, die Gott als Erlöser und Befreier offenbart. Die Erinnerung an die Befreiung aus Ägypten durchzieht die Bibel wie ein roter Faden. Das Heilswerk Christi im NT liegt ganz auf der Linie dieser Bewegung, die als politische

Befreiung angefangen hat, deren endgültiges Ziel aber die Vollendung bei Gott ist. Paulus spricht von einer »neuen Schöpfung im Christus« (2 Kor 5,17; Gal 6,15). Leben und Geschick Jesu werden im NT dargestellt als Erlösung von der Sünde und Befreiung von all ihren Folgen: Krankheit, Ausbeutung, Ungerechtigkeit, Haß. Schöpfung und Erlösung haben hier wahren christologischen Sinn: In Christus ist alles erschaffen und Gott wollte durch ihn alles versöhnen (Kol 1,15–20).
Der Mensch als Zentrum des Schöpfungswerks ist berufen, durch seine Arbeit die Schöpfung fortzuführen (Gen 1,28). Die Befreiung aus Ägypten gibt diesem Auftrag einen tieferen Sinn: »Wenn wir also feststellen, der Mensch verwirkliche sich, indem er mittels seiner Arbeit die Schöpfungstat Gottes fortführe, dann behaupten wir gleichzeitig, daß er in einem umfassenden Heilsprozeß steht. Wer arbeitet und diese Welt verändert, wird mehr Mensch, trägt zur Gestaltung einer menschlicheren Gesellschaft bei und wirkt erlösend.«[27]
Wie die Befreiung aus Ägypten in der Linie der Erlösung steht, so darf auch die Befreiung der unterdrückten und ausgebeuteten Menschen in Lateinamerika in dieser Linie verstanden werden. Deshalb sprechen die Theologen von ganzheitlicher Befreiung. Politische Befreiung ist Zeichen der Erlösung.

(2) Die eschatologischen Verheißungen oder die überirdische Dimension der Verheißung nach dem Tod: Auch die »Verheißung« bildet ein zentrales Thema der Bibel. Die Hl. Schrift präsentiert das Leben des Volkes Gottes als die Geschichte der allmählichen Erfüllung der Verheißung. Das fängt mit Abraham an, der glaubend die Verheißung als ein Geschenk empfängt (Gen 13,14–18). Nach Paulus wird die Verheißung dem Glaubenden gegeben aufgrund des Glaubens an Jesus Christus: »Wenn ihr aber zu Christus gehört, dann seid ihr Abrahams Nachkommen, Erben Kraft der Verheißung«. (Gal 3,29)
Die Verheißung konkretisiert sich im Lauf der Geschichte: Angefangen mit dem Bundesschluß am Sinai, über den Besitz des Landes »wo Milch und Honig fließt«, über die Rückkehr des

»kleinen Restes« (Jes 4,2–6) aus der Gefangenschaft bis zu ihrem Höhepunkt mit dem Advent des Neuen Bundes in Jesus Christus.
Schon in diesen »Etappen der Verheißung« wird deutlich, daß Verheißung nicht nur auf Zukunft hingeordnet ist, sondern immer auch Gegenwartsbezug hat. An diesen Befund knüpft die Theologie der Befreiung an. Denn die eschatologischen Verheißungen beziehen sich auch auf innergeschichtliche Wirklichkeiten. Wo von »Gnade« und »Sünde« oder vom Kommen des »Reiches Gottes« die Rede ist, geht es immer auch um die geschichtlichen, sozialen und materiellen Gegebenheiten. Gerade sie sind Vehikel geschichtlicher Befreiung, Zeichen für die Erlösung schon heute.
Auch der Blick auf die biblischen Verheißungen also verbietet es, Erlösung so zu spiritualisieren, daß dabei vergessen wird, daß die Verheißungen eine Kraft und eine Pflicht bedeuten, die gegenwärtige ungerechte Gesellschaft zu verändern. Abschaffung von Elend und Ausbeutung, die soziale, geschichtliche und materielle Befreiung ereignet sich im Laufe der Geschichte als Zeichen der endgültigen Begegnung mit dem Herrn. Diese Begegnung schildert das letzte Buch der Hl. Schrift in Bildern der Befreiung und Erlösung zugleich: »Dann sah ich einen neuen Himmel und eine neue Erde [. . .] Er wird in ihrer Mitte wohnen, und sie werden sein Volk sein; und er, Gott wird bei ihnen sein. Er wird alle Tränen von ihren Augen abwischen. Der Tod wird nicht mehr sein, keine Trauer, keine Klage, keine Mühsal. Denn was früher war, ist vergangen. Er, der auf dem Thron saß, sprach: Seht, ich mache alles neu«. (Offb 21,1.3b, 4.5)

Jesus Christus der Befreier: eine Christologie im Kontext Lateinamerikas

In jeder Generation erlebt die Kirche einen neuen Advent, ein neues Hoffen auf die Ankunft des Erlösers. So ist es nichts Ungewöhnliches, wenn heute in Lateinamerika nach einer neuen

Christologie gesucht wird. Die Erfahrungen und Überlegungen, die im Glauben der Vergangenheit gelebt wurden, brauchen Aktualisierung und Verlebendigung, damit die Botschaft von damals auch die Menschen von heute, die unter ganz anderen Umständen leben, erreichen kann. So haben Theologen seit einiger Zeit versucht, ihren Glauben an Jesus Christus im Licht der Theologie der Befreiung darzustellen. Die besten Beispiele sind die Veröffentlichungen von *L. Boff* und *J. Sobrino*[28]. Wie wichtig eine Christologie ist, die die Realität Lateinamerikas nicht ausblendet, verdeutlicht *L. Boff* im Blick auf manche christologische Entwürfe der reichen Welt: »Nicht selten verdecken progressistische säkularisierende, aufgeklärte und bis zum Gehtnichtmehr kritische Theologien konservative politische Standpunkte und verfestigen somit ideologisch den Status quo.«[29]

(1) *Der Kontext der lateinamerikanischen Christologie:* »Im übrigen hängt die Theologie, die ein Autor treibt, wesentlich von seinem gesellschaftlichen Ort ab.«[30] Diese Einsicht *L. Boffs* ist in der Wissenssoziologie schon seit langem bekannt, nur fehlte der Mut, diese Einsicht auf die Theologie zu übertragen. Jede Idee oder Theorie, so objektiv sie sein mag, ist an bestimmte Bedingungen und Voraussetzungen geknüpft. Diese fließen in die Formulierung der wissenschaftlichen Begriffe, Hypothesen und Theorien mit ein. Der Standpunkt eines Autors oder Schriftstellers ist von der Funktion und Rolle geprägt, die er in der Gesellschaft innehat. Auch der Arbeiter etwa sieht die Welt und ihre Probleme aus der Perspektive des Arbeiters. Der Unternehmer andererseits sieht dieselbe Welt in ganz anderen Farben. Der »gesellschaftliche Ort« ist für die Sicht der Welt immer mitbestimmend. Dies gilt nicht nur für die Theologie der Befreiung, sondern für die Theologie überhaupt, auch wenn sie es in unseren Breiten oft genug nicht wahrhaben will.
Der »gesellschaftliche Ort« also gestattet und verbietet zugleich diesen oder jenen Diskurs, diese oder jene Idee. Unser Unternehmer verteidigt natürlich das kapitalistische System und spricht sich gegen jede Veränderung in der Gesellschaft aus, die seine

Position gefährden könnte. Er reagiert vorwiegend konservativ. Dagegen versucht der Arbeiter, gezwungen von der eigenen Situation, Veränderungen durchzusetzen. Die Situation der Unterdrückung und das aus ihr erwachsende Interesse an einem menschenwürdigen Dasein werden gleichsam zur Brille, die seine Augen für die Wahrnehmung der Realität schärfen.
Zwei Folgerungen liegen auf der Hand. Zum einen läßt sich nach dem Gesagten besser verstehen, warum es verschiedene Theologien gibt und warum Bischöfe keine einheitliche Position zu den verschiedenen konkreten Problemen beziehen. Im Hintergrund steht immer ihr »gesellschaftlicher Ort«, das heißt ein Geflecht von Interessen, Verpflichtungen, Engagements, Beziehungen, Wertvorstellungen usw. Zum zweiten bedeutet dies: Die Theologie der Befreiung wird ganz bewußt aus der Solidarität mit der Situation der Armen getrieben. Auch die Christologie dient dem Ziel, mit an der Befreiung dieser Menschen zu arbeiten. Ihr »gesellschaftlicher Ort« inmitten der Unterdrückung, mit der vorrangigen Option für die Armen usw. gibt der lateinamerikanischen Christologie eine ganz andere Farbe, ganz andere Akzente und Interessen als einer Theologie in den Ländern Europas und Nordamerikas. Wer unter lateinamerikanischen Umständen Theologie treibt, kommt an bestimmten Themen nicht vorbei: Befreiung durch Jesus, Konflikte, die Jesus bis zu seinem Tod durchmachte, oder Seligpreisung der Armen, um nur einige zu nennen. Die Fragen lauten: Wem ist meine Theologie verpflichtet? Welche Interessen stehen hinter ihr? Wieweit ist sie frei von Ideologien? Die schlimmste Ideologie ist die des »neutralen Wahrheitssuchers«; die Ideologie, die sich vor sich selbst versteckt.

(2) *Der Ansatz beim geschichtlichen Jesus:* Ausgangspunkt der Christologie ist die Art und Weise, wie der Christus-Glaube in den christlichen Gemeinden geglaubt, gelebt, verkündet und praktiziert wird. Nur aus der Begegnung mit gläubigen Christen nämlich kommt es zum Glauben an Jesus Christus. Er selbst ist der eigentliche Inhalt und auch das letzte Kriterium der Christologie, sein Leben, sein Wort und sein Werk. Dennoch geht es der

Christologie der Befreiung aus der Sicht Lateinamerikas zunächst um den historischen Jesus[31]. »Das Schwergewicht der Christologie der Befreiung liegt« so *Severino Croatto,* »auf dem historischen Jesus, eher als auf dem österlichen Christus, ohne diesen zu ignorieren.«[32]

Auch *J. Sobrino* betont die Notwendigkeit, in der Christologie im lateinamerikanischen Kontext beim geschichtlichen Jesus anzusetzen. Ziel dieses Ansatzes ist die Ganzheit der Geschichte Jesu lebendig zu halten, ist es doch die Praxis Jesu, die uns mit seinem Befreiungsprogramm in Berührung bringt. Gerade die Praxis führte Jesus zum Konflikt mit den Herrschenden der damaligen Zeit. Diese geschehene und verkündete Geschichte soll heute aktualisiert werden, sie soll in die gelebte Praxis der Nachfolge übersetzt werden. So läßt sich die Situation der Armen in Lateinamerika als ein von Jesus selbst beschrittener Weg begreifen, mehr noch: Dieser Weg kann solidarisch mitgegangen werden.

Der genannte Ansatz richtet sich vor allem gegen jene »Abstraktion« der Gestalt Jesu, die in Lateinamerika oft dazu benutzt wird, das Unrecht zu legitimieren oder zu verfestigen. Der abstrakt, unparteiische und mächtige Christus ist das religiöse Symbol, das bewußt oder unbewußt die Mächtigen brauchen und dessen sie sich bedienen, um unseren Kontinent in der Situation der Unterdrückung zu halten[33]. Immer wieder findet sich das Überspringen des geschichtlichen Jesus durch theologische Formeln, die zu Zwecken benutzt wurden, die Jesus fremd waren. Aber die Erfahrung zeigt, daß, je konkreter die Heilsuniversalität Jesu in seiner eigenen Lebensgeschichte situiert wird, desto mehr sich die Theologie der ganzen Wahrheit Jesu nähert. Noch einmal: Der Ansatz beim geschichtlichen Jesus ist nur ein Aspekt der neuen Orientierung der Christologie in Lateinamerika. Einige der mit ihm gegebenen Aspekte seien deshalb genannt:

– Die lateinamerikanische Christologie betont das *anthropologische* Element. An erster Stelle steht nicht die Kirche, sondern der Mensch, dem die Kirche helfen muß. Deshalb die Fragen: Welches sind die Hoffnungen des lateinamerikanischen Menschen? Wie kann der Glaube diesem Menschen helfen und Freude schenken? Die Fragen deuten auf eine Antwort in der konkreten Praxis hin.

– Die Christologie in Lateinamerika unterstreicht das *utopische* Element. Für die lateinamerikanischen Menschen ist nicht die Vergangenheit, insbesondere die des erlittenen europäischen Kolonialismus, das wichtigste, sondern die Zukunft. Utopie wird hier nicht als Illusion der Flucht aus der gegenwärtigen Situation verstanden, sondern als Hoffnung oder als ein ständiges Überschreiten der Bedingungen der Gegenwart, das das Handeln orientieren muß. Glaube ist in diesem Sinn Utopie einer vollkommenen Welt (vgl. Offb. 21).

– Die Christologie in Lateinamerika betont das *kritische* Element. Jede institutionalisierte Gesellschaft hat Abwehrmechanismen, um den Status quo zu verteidigen. Sie produzieren eine dogmatische Mentalität, die die Funktionalität der Institution sichern soll. Gegenüber solchen Mechanismen und Mentalitäten, wie sie sich natürlich auch in kirchlichen Traditionen und Institutionen finden, bezieht die Theologie der Befreiung eine kritische Haltung.

– Die Christologie betont das *soziale* Element. Die beschriebene traurige Situation Lateinamerikas, wo der größte Teil der Bevölkerung am Rande der Gesellschaft lebt, fordert dies gebieterisch. Dabei geht es immer um den einzelnen wie um die Strukturen zugleich.

– Die Christologie in Lateinamerika betont die *Orthopraxis*. Die klassische Theologie hat wertvolle Einsichten in den Glauben erarbeitet, aber eine auch die Strukturen betreffende Änderung christlichen Verhaltens hat sie nicht erreicht. Immer wieder hat die Kirche die Freiheit Jesu gepredigt, aber sehr selten war sie selber an den Befreiungsbewegungen beteiligt.

(3) *Die Utopie der absoluten Befreiung und ihre geschichtliche Antizipation:* Man ist sich in der heutigen Exegese einig, daß die Worte, Taten und die ganze Existenz Jesu grundsätzlich nur der Verkündigung des Reiches Gottes dienten. Jesus hat nicht sich

selbst gepredigt. Fast alle Titel, die die Evangelien für Jesus anwenden, sind Ausdrucksformen des Glaubens in der Urkirche gewesen. Erst nach der Auferstehung hat die Urgemeinde richtig verstanden, wer Jesus war. Die Titel, mit denen er bezeichnet wurde (Sohn Gottes, Christus, Menschensohn usw.) drücken dies sehr deutlich aus. Mit einem Text von Jesaja fängt Jesus seine Predigt an: »Der Geist des Herrn ruht auf mir; denn der Herr hat mich gesalbt. Er hat mich gesandt, damit ich den Armen eine gute Nachricht bringe: Damit ich den Gefangenen die Entlassung verkünde und den Blinden das Augenlicht; damit ich die Zerschlagenen in Freiheit setze und ein Gnadenjahr des Herrn ausrufe« (Lk 4,18f.). Auf die Frage des Johannes: »Bist du der, der kommen soll, oder müssen wir auf einen anderen warten?« antwortete Jesus: »Geht und berichtet Johannes, was ihr hört und seht; Blinde sehen wieder und Lahme gehen; Aussätzige werden rein und Taube hören; Tote stehen auf und den Armen wird das Evangelium verkündet« (Mt 11, 3–6). Jesus stellt sich als der Befreier vor, der das Reich predigt und es gegenwärtig macht. Das Reich Gottes meint nicht eine andere Welt, sondern die alte erneuerte Welt. Hier ist deutlich, daß das Reich Gottes nicht nur Befreiung von der Sünde ist, sondern auch Befreiung von all dem, was die Sünde für die Menschen bedeutet.

»Reich Gottes« ist ein zentrales Thema in der biblischen Literatur schon nach dem Exil. Für die Juden hatte es immer auch eine besondere politische Bedeutung. Wird der Messias dieses Reich ins Leben rufen? Das ganze Volk war voll Erwartungen. Einige Pharisäer glaubten, daß sie durch die peinlich genaue Erfüllung des Gesetzes an diesem Reich teilnehmen würden. Die Essener versuchten in Einsamkeit die Zeit des Kommens zu beschleunigen. Die Zeloten setzten ihre Hoffnung auf die Kraft der Waffen. Allen aber war etwas gemeinsam: Der Glaube, daß der Messias alles verändern würde und daß das Ende dieser Welt den Anfang des Reiches Gottes bedeute. Die Rede vom »Reich Gottes« ist der Ausdruck dieses tiefen Glaubens des Volkes.

Doch ist festzuhalten, daß die Predigt Jesu sich von den messianischen Erwartungen des Volkes unterscheidet. Jesu unterstützt nicht nationalistische Bestrebungen, auch nicht die seiner Jünger: »Wir hatten gehofft, daß er der sei, der Israel erlösen werde« (Lk 24,21).

In der Predigt Jesu umfaßt das Reich Gottes das Geistige und das Materielle, wie gerade auch einige Texte zeigen, die noch eine gewisse Ursprünglichkeit besitzen: »Darum vermache ich euch das Reich, wie es mein Vater mir vermacht hat: Ihr sollt in meinem Reich mit mir an meinem Tisch essen und trinken, und ihr sollt auf Thronen sitzen und die Zwölf Stämme Israels richten« (Lk 22, 29–30). »Amen, ich sage euch: Diese Generation wird nicht vergehen, bis das alles eintrifft« (Mk 13,30).

Jesus verkündet praktisch, daß das Reich und die neue Ordnung schon angebrochen sind. Sein Anliegen ist die Verwirklichung des Reiches, das heißt die Befreiung von allem, was verwundet, tötet, also die Befreiung für das Leben. Mit anderen Worten: Es geht in der Predigt und den Taten Jesu um eine Gesamtrevolution der Strukturen der alten Welt. Es wäre eine Verfälschung, das Reich Gottes zu einer Form politischer Herrschaft zu verkürzen oder es auf Dimension einer innerlichen Befreiung zu reduzieren. Freilich kann keine innergeschichtliche Befreiung das endzeitliche Bild ganz ausschöpfen. Was wir innergeschichtliche Befreiung nennen, ist »nur« ein Symbol auf dem Weg zur vollkommenen Befreiung. Das Reich Gottes besitzt wesentlich eine Dimension der Zukunft, die keine menschliche Praxis erreichen kann. Sie bleibt Gegenstand endzeitlicher Hoffnung.

»Reich Gottes« meint nicht zuerst ein Gebiet, sondern eine neue Ordnung und eine neue Bestimmung der Zeit. Deshalb wäre es eine Perversion des Reiches, die Botschaft Jesu für individuelle oder gruppenbezogene, religiöse oder politische Interessen zu »regionalisieren« und auf bestimmte menschliche Konkretionen festzulegen. Das in der Geschichte Jesu nahe gekommene Reich zeigt die Ordnung der neuen Zeit, die jeder Gestalt befreiender Praxis vorausgeht. Nichtsdestoweniger muß solche Praxis im Sinne Jesu als eine befreiende Veränderung der Situation verstanden werden. Die Wunder sind Zeichen für die Gegenwart des Reiches Gottes. Wenn Jesus die Armen und Sünder aufnimmt, dann ist dies die »Vergeschichtlichung« der Liebe des Vaters durch seinen Sohn. Seine Botschaft ist nicht etwas rein privates und religiöses, sondern bringt die gesellschaftlichen Strukturen in eine Krise. Auch wenn Jesus kein politischer Befreiungskämpfer war, so fordert seine Predigt und Praxis des Reiches Gottes doch auf, zu unterscheiden zwischen gesellschaftlich-politischen Zuständen, die als Symbol und Zeichen dieses Reiches angesprochen werden dürfen und solchen, die es verleugnen.

Das Reich Gottes, das Jesus predigt, verlangt darum eine neue Art des Denkens und des Handelns: »Kehrt um, denn das Himmelreich ist nahe!« (Mt 3,2)

Bekehrung bedeutet nicht Wiederaufnahme vergessener religiöser Übungen, sondern ein neues Leben vor Gott. Zuerst geht es um eine neue Haltung: Die Bereitschaft alles zu verkaufen, um das Reich zu erwerben. Sie kann auch schmerzliche Überwindung verlangen: Alles verlassen zu müssen (Mk 10,21). Jesus verlangt von seinen Jüngern nichts anderes, als in jedem Augenblick neue Verhaltensweisen zu finden, die Ausdrucksformen der Liebe sind.

Das Evangelium das Jesus gepredigt hat, ist eine »gute Nachricht«: Nicht das formalistisch begriffene Gesetz, sondern nur die Liebe kann uns das Heil bringen. Die Liebe vollendet alle Gesetze. Die Liebe, die Jesus als Lebensnorm predigt, erfüllt die Gerechtigkeit. Gerechtigkeit verlangt, jedem das Seine zu geben. Aber gerade das setzt eine bestimmte soziale Ordnung schon voraus: In einer Gesellschaft, wo Sklaverei herrscht, »jedem das seine« zu geben bedeutet, dem Sklaven und dem Herrn zukommen zu lassen, was ihnen gehört, also die bestehende Ordnung nicht zu stören. In einer kapitalistischen Gesellschaft heißt es, den Besitzern der Produktionsmittel zu geben, was ihnen gehört und den abhängig Arbeitenden zu geben, was ihnen zusteht, auch hier also den Status quo zu verlängern. Die Bergpredigt verlangt jedoch eine neue Gerechtigkeit, nicht eine Gerechtigkeit, die den Ist-Zustand nur legitimiert.

Damit aber ist die Predigt Jesu grundsätzlich subversiv. Sie geht gegen jede etablierte Ordnung, sie bedeutet eine ständige Krise

für jedes soziale System. Jesus verlangt in seiner Predigt eine ganze Umkehr, eine wirkliche Revolution in uns selbst und unserer Umwelt.
Aber nicht nur seine Predigt und sein Tun haben Bedeutung für die Befreiung, sondern erst recht sein Tod und seine Auferstehung. Tod und Praxis Jesu gehören eng zusammen. Denn seine Taten und seine prophetische Kritik gegenüber den Mächtigen verursachten den Konflikt, der zum Tode am Kreuze führte. Die Botschaft vom Reiche ist der Anbruch für die umfassende Befreiung. Und die Auferstehung bedeutet die endzeitliche Form des Reiches Gottes. Jesu Auferweckung heißt dann aber nichts anderes als die Bestätigung der Predigt von jener neuen Welt, die in der Person Jesu, seinem Reden und Handeln angebrochen war.

(4) *Bekehrung und soziale Veränderung:* »Das Christentum besteht nicht nur in der Zurkenntnisnahme Jesu und seiner Lehren, die von der Kirche weitergegeben werden. Es besteht darin, ihm zu folgen. Nur so können wir unseren Glauben und unser Vertrauen unter Beweis stellen«[34]. Die Theologie der Befreiung setzt den Akzent auf die Nachfolge. Jesus selbst hat die Liebe zum Nächsten zum Kennzeichen seiner Jüngerschaft gemacht. In der Parabel vom barmherzigen Samariter ist es der Notleidende, der Zusammengeschlagene und Beraubte. In der Rede vom jüngsten Gericht (Mt 25) ist es der Hungrige, der Kranke (Lk 10,25), der Gefangene: »Was ihr für einen meiner geringsten Brüder getan habt, das habt ihr für mich getan«. Die Theologie der Befreiung sieht darin den *Anspruch* der Armen und betont dabei, daß Arme nicht nur als Individuell-Nächste, sondern auch als Kollektiv-Nächste angesehen werden können, so daß die Nächstenliebe ihre soziale und politische Bedeutung bekommt.
Die genannten Texte des NT sind Lieblingstexte der Theologie der Befreiung, weil – wie Mt 25 zeigt – Jesus sich mit den Armen identifiziert. Diese vorrangige Option für die Armen läßt Gott in den Menschen finden, besonders in den Schwachen. Für die Theologie der Befreiung gibt es kein Christentum ohne dieses christologische Verständnis der Armen.

Der Einsatz vieler Christen in Lateinamerika für solche Befreiung hat auch für den religiösen Bereich große Bedeutung. In der Tat sehen sich viele Christen bei dem Kampf um die Befreiung als Mitarbeiter Gottes an den Aufgaben des Reiches Gottes. Sie bestehen darauf, in ihrem Glauben dadurch gewachsen zu sein, daß sie sich sozio-politischen Aufgaben zugewendet haben. Andere berichten, daß sie aus einer Situation des Glaubenszweifels durch das Engagement für die Befreiung herausfanden, sich im Glauben gestärkt fühlten und in ihrem Leben das vergessene Gebet wieder aufnahmen und seine Bedeutung neu entdeckten. Für sie ist die Predigt der Erlösung mit zeitlichem und politischem Engagement verbunden, obwohl sie Erlösung nicht auf Politik oder eine rein soziale oder politische Befreiung reduzieren. Für diese Christen gehört das Engagement für die Befreiung zur Nachfolge Christi, und sie sehen darin einen entscheidenden Punkt in der christlichen Dimension des Lebens.
Dabei sind sie sich dieser Gefahr bewußt, die darin liegt, daß der Unterdrücker als Feind betrachtet wird. Schon darum ist es notwendig, sagen sie, sich auch im persönlichen Leben immer wieder auf das Evangelium zu besinnen. Die Erfahrung in ihrem Kampf hat sie gelehrt, daß Gebet, Meditation und Gottesdienst das Engagement für die Befreiung keineswegs neutralisiert, sondern im Gegenteil dabei hilft, auch im Kampf immer den menschlicheren Weg zu suchen, auch im Feind den Menschen zu sehen, der der Befreiung bedarf.
Das so aufgefaßte christliche Leben gibt dem Glauben vieler Christen in Lateinamerika einen sozio-politischen Akzent, ohne das Ziel aus den Augen verlieren zu lassen: die endgültige und ganzheitliche Befreiung bei Gott.
Die Christen der Theologie der Befreiung dürfen sich, das ist schon angeklungen, in ihrer Synthese vom christlichen Leben und politischen Engagement durch die Bibel bestätigt fühlen. Sie befinden sich auf der Linie der großen Propheten Israels wie Amos, Jesaja, Jeremia usw. Auch diese sind ja Volksführer, Systemkritiker und Verkünder der Befreiungsbotschaft gewesen. Auch sie handelten nicht aus politischen Überlegungen, sondern

aus der Überzeugung des Glaubens heraus. Die Kontemplation Gottes führte sie zum sozialen und politischen Engagement. In diese kontemplative Linie ordnet sich auch die Gestalt des Mose ein, der in der Befreiung aus Ägypten eine zentrale Rolle gespielt hat. Für die Theologie der Befreiung ist Mose nicht nur ein politischer Führer, sondern ein Mystiker, der eine tiefe Gotteserfahrung in der Wüste machte und das Volk zur Freiheit führte, ohne aufzuhören, von dieser Erfahrung beeinflußt zu sein. Kontemplation und Befreiung gehen zusammen.
Die Theologie der Befreiung betont, daß die Nachfolge Jesu Radikalität verlangt. Radikal ist, was an die Wurzel der Dinge geht. Radikal ist der Christ, der die Liebe Gottes mit allen Konsequenzen annimmt. In diesem Sinne ist auch Jesus ein »Radikaler« gewesen. Sein Radikalismus kostete ihm das Leben. Die Theologie der Befreiung zeigt, daß Jesus auch von den Christen dieselbe Radikalität erwartet. Der Jünger muß Salz sein, das, wenn es seine Kraft verliert, für nichts mehr zu gebrauchen ist. Daß dieser Radikalismus zu Konflikten und Spannungen führen kann, ist selbstverständlich. Jesus selbst hat es den Jüngern vorausgesagt; um seinetwillen wird der Jünger ein Objekt des Hasses, ein Zeichen des Widerspruchs sein.

(5) *Die soziopolitische Dimension der Botschaft Jesu:* Es ist eine Tatsache, daß viele Christen heute im umfassenden Befreiungskampf des lateinamerikanischen Menschen engagiert sind. Dennoch fühlen sie sich oft genug in einem Dilemma. Auf der einen Seite nämlich fühlen sie sich verpflichtet, des Evangeliums wegen Partei für die Armen zu ergreifen. Auf der anderen Seite aber scheinen sie gerade an der Hauptperson des Evangeliums, an Jesus selbst, kein Vorbild in diesem Kampf finden zu können. Ihre konkrete Frage lautet: Warum hat sich Jesus nicht klar und direkt für die soziale und politische Befreiung des jüdischen Volkes gegen Rom engagiert? Wird diese Frage nicht richtig beantwortet, ergeben sich daraus zwei Versuchungen: Entweder die Versuchung eines »rein religiösen« Engagements ohne Bezug auf die soziale und politische Wirklichkeit (Stichwort: »Vertika-

lismus«) oder die Versuchung, die Botschaft Jesu auszuhöhlen und sie durch eine rein sozio-politische Befreiung zu ersetzen (Stichwort: »Horizontalismus«). Beide sind ein reales Problem für Lateinamerika heute. Die Ursache des Problems liegt in der Abwesenheit einer Christologie mit sozialer und politischer Dimension. Der traditionellen Christologie fehlt normalerweise diese Dimension.

Angesichts dieses Problems tut Besinnung auf die Bibel not. Ohne auf jede Einzelheit der damaligen Situation Israels einzugehen, bleibt die Tatsache, daß das jüdische Volk von Rom unterjocht war und sich nach Befreiung sehnte. Zur Zeit Jesu hatten sich in diesem Zusammenhang einige politisch-religiöse Bewegungen formiert:

– *Die Herodianer:* Sie waren wichtige Partner der Besatzungsmacht. Sie hatten sich mit den römischen Behörden verbunden und versuchten, aus dem System so viele Vorteile wie möglich zu ziehen. Sucht man nach Vergleichbaren in der heutigen lateinamerikanischen Situation, so läßt sich sagen, die Herodianer Lateinamerikas seien die einheimischen Oligarchien.

– *Die Essener:* Sie bildeten eine Sekte mit einem intensiven religiösen Leben und einer guten Organisation. Aber sie hielten sich von sozio-politischen Fragen fern, versuchten der Besatzungsmacht gegenüber neutral zu bleiben. Ihre Repräsentanten im heutigen Lateinamerika sind die christlichen Sekten, die einen Glauben ohne Bezug auf die politische Dimension predigen. Sie sind den großen Konzernen und dem kapitalistischen System herzlich willkommen.

– *Die Zeloten* (griech. »Zelos« = Eifer) und *Sikarier* (lat. »Sica« = Dolch): Sie waren die konsequentesten Nachfahren der Makkabäer, sehr religiös und zu jedem Opfer für das Vaterland bereit. Sie vertraten eine rigoristische Auslegung des ersten Gebotes, wonach Jahwe allein Herrscher über Israel ist, so daß kein fremder Herrscher über Volk und Land regieren darf. Sie erwarteten den Messias als politischen Führer, der sie von den Römern befreien sollte. Vielleicht gehörten einige Jünger Jesu zu den Gruppen der Zeloten. Heute dürften ihnen einige der revolutionären lateinamerikanischen Befreiungsbewegungen entsprechen.

Obwohl Jesus zu keiner dieser Gruppen gehörte, ist es wichtig, seine Person und Botschaft im Blick auf die damalige Situation Israels zu verstehen. Jesus war ein frommer Jude. Wie alle anderen Juden ist auch er mit den Konflikten und Erwartungen seiner Zeit in Berührung gekommen. In dieser konkreten Zeit und in diesem konkreten Raum mit ihrer engen Verbindung von Religion und Politik hat die Predigt Jesu stattgefunden. Er konnte nicht vermeiden (auch wenn er es gewollt hätte), mit den Pharisäern oder den zivilen Behörden in Konflikt zu geraten. So ist zu erklären, daß der Prozeß vor dem Hohen Rat und vor Pilatus die Form eines politischen Prozesses angenommen hat: »Wir haben festgestellt, daß dieser Mensch unser Volk verführt, es davon abhält, dem Kaiser Steuer zu zahlen, und sich als Messias und König ausgibt. Er wiegelt das Volk auf« (Lk 22,2). Jeder der sich zum König macht, widersetzt sich dem Kaiser« (Joh 18,12). Daß sein Tod politischen Hintergrund hatte, zeigt die Tatsache der Kreuzigung. Diese Art des Todes war eine Marter, insbesondere für Subversive vorgesehen.

Um Mißverständnisse zu vermeiden: Jesus selbst wollte wohl nicht als sozialer Führer verstanden werden. Auch enthält seine Botschaft kein Programm für eine politische Befreiung. Jesus war ein religiöser Führer, der das Gottesreich predigte. Nirgendwo ist in seiner Predigt eine Andeutung oder ein Anspruch auf einen politischen Messianismus zu spüren. Und trotzdem wurde er von vielen, eine Zeitlang wohl auch von seinen Jüngern, als politischer Messias angesehen, bis zu dem Punkt, wo er sich genötigt sah, diesen Eindruck zu beseitigen.

Dennoch, unter den gegebenen Bedingungen mußte die Botschaft Jesu zu Mißverständnissen führen. Seine Predigt vom Gottesreich bringt Ansprüche mit sich, die zur Kritik aller Formen sozialer und struktureller Ungerechtigkeit aufrufen. Die Predigt des Gottesreiches kann nicht als ein politischer Diskurs bezeichnet werden, aber sie provoziert die Entstehung echter Befreiungsbewegungen, insofern sie die ungerechten Situationen bewußt macht und die Menschen bewegt, die Gesellschaft aufgrund des Evangeliums vom Gottesreich zu verändern und sie neu zu gestalten. In diesem Sinne dürfen sich Christen in den Befreiungsbewegungen auf Jesus berufen. Das Mißverständnis Jesu als eines politischen Revolutionärs ist in einer Gesellschaft entstanden, die von sehr konkreter Unterdrückung geprägt war. Daher war es einfach, seinen wie jeden anderen den Status quo verwerfenden Anspruch als eine Kritik des Systems zu verstehen, und die Hoffnungen auf ihn als irdischen Befreier zu setzen. Diese Gefahr besteht auch heute für die Kirche in Lateinamerika. Die Kritik der Befreiungstheologie ruft Hoffnungen wach, die sie manchmal von rein politischen Befreiungsprogrammen ununterscheidbar machen. Wohlgemerkt: Dies liegt nicht an der Theologie der Befreiung, sondern an der Gesamtsituation Lateinamerikas, wo unter den herrschenden Umständen jede Form von Kritik die Hoffnung auf politische Befreiung wachruft. Die Theologie der Befreiung ist mit dieser Hoffnung solidarisch, redet von ihr aber stets im Zusammenhang mit der ganzen Botschaft Jesu Christi:

– Die Verkündigung Jesu, der uns *Gott* als Vater zeigt, hat wichtige Konsequenzen auch in politischem und sozialem Bereich. Diese Botschaft relativiert Menschen und Werte, die den Platz Gottes einzunehmen versuchen. Die Würde und Gleichheit, die Jesus predigt, zerstört die ideologische Basis des Totalitarismus. »Gib dem Kaiser, was des Kaisers, und Gott, was Gottes ist« (Mt 22,21), bedeutet das Ende für die Theokratie, sei sie eine religiöse oder säkulare.

– Die Option oder Vorliebe Jesu für die *Armen* setzte eine vernachlässigte Gruppe in ihr Recht und gab ihr eine gewisse mystische und soziale Macht. *Gutiérrez* spricht deshalb von der »historischen Macht der Armen«.

– Die Botschaft Jesu ist befreiend, weil sie *universal* ist. Sie durchbrach die Grenzen des jüdischen Nationalismus in weltweiter Mission. Sie wird auch die Grenzen dieser Mission, ihren geheimen Eurozentrismus überwinden.

– Die Predigt Jesu ist befreiend, weil sie einen *neuen Menschen* schafft, der nicht mehr Gott sein muß, um Mensch zu sein; der nicht unterdrücken muß, um frei zu sein, der Herr sein kann, auch ohne Knecht.

Zusammenfassend: Jesus hat eine Befreiungsbewegung ins Leben gerufen, die nicht an bestimmte Personen, Zeiten oder Räume gebunden ist. Jesus zeigt sich als Befreier im tiefsten Sinn des Wortes. Seine Verurteilung und Hinrichtung zeigen, daß Jesus gefährlicher war als viele Politiker oder Zeloten. Deutlich wird dies in der Gegenüberstellung von Jesus und Barabbas (Lk 23,18). Barabbas war ein wohl zelotisch orientierter Revolutionär, ein Aufwiegler. Vor die Wahl gestellt, sich für Jesus oder Barabbas zu entscheiden, entscheiden sich die Führer des Volkes für Barabbas.

Die Kirche in der Praxis der Befreiung

»Möglicherweise befinden wir uns augenblicklich in einer Phase, in der ein neuer Typ von institutioneller Kirche auftaucht«[35]. Was L. Boff mit diesem Satz meint, zeigt sich im Blick auf die Basisgemeinden, das wichtigste Phänomen, das die lateinamerikanische Kirche in den letzten Jahrzehnten zu verzeichnen hat. Es war schon die Rede davon, wie eng die Beziehungen zwischen Theologie der Befreiung und Basisgemeinden sind. Jetzt ist diesem Beitrag der Basisgemeinden für die Kirche nachzugehen.

(1) *Die verschiedenen ekklesiologischen Modelle:* Wie die Geschichte der theologischen Reflexion über die Kirche zeigt, gibt es nicht nur *ein* Modell der Kirche, sondern einen Pluralismus der ekklesiologischen Modelle. Etwas schematisch gesagt, können wir dabei erst einmal die vorkonziliare von der konziliaren Form der Kirche unterscheiden.

Das Modell der Vorkonzilszeit hat sich nicht zuletzt in polemischer Abgrenzung gegen die Kirchenerneuerung der Reformation entwickelt. Wir können es mit »Kirche als Institution« bezeichnen. Es ist das Ergebnis eines langen geschichtlichen

Prozesses, der in Reaktion auf Infragestellungen von außen die organisatorische und strukturelle Seite der Kirche betonte. Ihr juristischer Aspekt trat immer deutlicher hervor. Die beste Formulierung dieses Modells finden wir in den – gegen die bürgerlichen Revolutionen gerichteten – Vorstellungen von der »Kirche als einer vollkommenen Gesellschaft« wie sie im kirchlichen Recht dargestellt wurde (natürlich war dabei nur die katholische Kirche gemeint). Die hierarchische Pyramide: Papst-Bischöfe-Priester-Volk zeigt die Struktur dieses Modells, das sich verteidigend gegen die Reformation, die Aufklärung und die bürgerlichen Revolutionen richtete.
Mit dem *Zweiten Vatikanischen Konzil* verliert das institutionelle und juristische Modell an Bedeutung, weil die Kirche sich der Welt öffnet, der sie das Evangelium zu verkünden hat. Zwei neue Modelle bahnen sich in diesem Kontext den Weg.
Das erste findet sich im Dokument »Lumen Gentium«. Hier wird die Kirche mehr als »Communio«, als Gemeinschaft dargestellt. Dieses Modell setzt neue Akzente: Es betont die universale Dimension des Heils. Kirche ist nicht mehr gleich Reich Gottes, sondern dessen erstes Zeichen. Nicht mehr »ein Haus voll Glorie schauet!«, sondern eine Gemeinschaft der Sünder in der Welt.
Das Dokument »Gaudium et Spes« stellt das zweite Modell der Kirche dar. Sie wird jetzt vorrangig als »Kirche im Dienst der Menschen« verstanden. Über das Modell von Lumen Gentium hinaus bringt es folgende neue Aspekte mit sich: Die Kirche lebt nicht mehr außerhalb oder neben der Welt, sondern sie ist in der Welt. Sie hat nicht mehr sich selbst zum Ziel, sondern richtet sich auf die Welt. Deshalb hat sie prophetischen Charakter und die Pflicht, an der Schaffung einer menschlicheren Welt mitzuarbeiten. An diese Vorstellungen von Kirche konnte die Theologie der Befreiung anknüpfen, das heißt sie zu ihrem Modell einer Kirche im Dienst der Befreiung fortentwickeln.

(2) *Das ekklesiologische Modell der Theologie der Befreiung:* Dieses neue Modell mußte die geschichtliche Situation Lateinamerikas berücksichtigen. Die Theologen der Befreiungstheolo-

gie sprechen darum von der Kirche als Sakrament der Befreiung in Lateinamerika und in der Welt. Das bedeutet, daß die Kirche Zeichen und Werkzeug der Befreiung sein muß. In den Schriften der Befreiungstheologie wird immer wieder ein Aspekt unterstrichen: Die Kirche hat nicht nur bei den Armen zu sein, oder für die Armen dazusein, sondern sie muß selber eine Kirche der Armen werden. In den Basisgemeinden Lateinamerikas ist dies gelungen, ist Kirche der Armen konkret geworden. In diesem Sinne läßt sich von einer Volks-Kirche sprechen. Diese Volks-Kirche will keine Ersatz- oder Gegenkirche sein, sondern einfach Kirche der Armen nach der Lehre des Konzils und Medellíns.

(3) *Die Ekklesiologie von Medellín bis Puebla:* Unter dem Thema »Die Präsenz der Kirche in der gegenwärtigen Umwandlung Lateinamerikas« ging es den Bischöfen in Medellín nicht um eine Neuformulierung der Lehre, sondern um die Reflexion über die Aufgaben der Kirche. Kirche muß Dienstgemeinschaft sein; sie hat sich mit den Armen zu identifizieren und sich für die Befreiung zu engagieren.

Die lateinamerikanische Kirche hat diese Aufgabenbeschreibung sehr ernst genommen. Hierarchie und Laien haben immer wieder mutig ihr prophetisches Amt ausgeübt. Das hat zur Konfrontation mit dem Staat geführt, einer Konfrontation, die zum blutigen Martyrium von tausenden von Menschen, Arbeitern, Priestern und Bischöfen führte. Diese wäre ohne die Basisgemeinden nicht möglich gewesen. Nach Medellín haben sie sich erstaunlich vermehrt und sind zum Motor für den geforderten gesellschaftlichen Wandel und die Befreiung des ganzen Menschen geworden. Im Dokument von Puebla ist die klare Linie der ekklesiologischen Gedanken von Medellín leider verloren gegangen. Eine gewisse Zweideutigkeit, sicher Frucht der verschiedenen ekklesiologischen Modelle, die in der Versammlung durch ihre Vertreter anwesend waren, ist nicht zu verkennen. Alle Modelle nämlich, die oben beschrieben wurden, lassen sich in dem Dokument von Puebla wiederfinden. Neben einer gewissen Vorliebe für das Modell »Kirche als Institution«, das besonders die hierarchische

Struktur betont (vgl. 1. Kap.), findet auch das Modell »Kirche als Communio« seinen Platz. Aber auch die Idee der Kirche als Dienstgemeinschaft ist dort zu finden (Puebla 220–303).

(4) *Komplize der Herrschaft oder solidarisch mit der Befreiung:* Das Christentum ist in Lateinamerika durch den Kolonialismus belastet. Das gab die Kirche in Medellín zu: »Sie erkennt auch an, daß nicht immer im Verlauf ihrer Geschichte all ihre Glieder Kleriker und Laien, dem Geist Gottes treu waren« (Medellín Einleitung, 2). Auch in Puebla haben die Bischöfe die Mitschuld der Kirche an der gegenwärtigen Lage nicht geleugnet. Aber es fiel den Verantwortlichen schwer, das Versagen der Hierarchie der Kirche offen einzugestehen. Natürlich gab es furchtlose Kämpfer wie Bischof *Bartolomé de Las Casas* († 1547) oder Bischof *Antonio Valdivieso* († 1550). Aber in der Mehrheit waren sie sicher nicht und sie konnten auch die unterdrückerische Praxis der Kirche nicht nachhaltig ändern.
Man kann nach den Ursachen fragen, die in diese Situation geführt haben. An erster Stelle ist festzustellen, daß das Ziel vieler Christen nur das Geld war. Alles, was diesem Zweck diente, wurde gutgeheißen. Hinzu kam die gewalttätige Methode der Evangelisierung. Das Vorgehen gegen Mauren und Juden in Spanien wurde nach Lateinamerika übertragen. So galten die Indianer als Ungläubige, zu deren Bekehrung Kreuz und Schwert eng zusammenarbeiteten. Nicht zu vergessen der theologisch begründete Absolutheitsanspruch, der damals schon traditionell in Europa herrschte: Außerhalb der römisch-katholischen Kirche kein Heil. Kirche war natürlich nur die christliche Kirche bzw., nach der Reformation, die katholische Kirche. Das Fehlen einer Missionstheologie und Kulturanthropologie, das heißt einer wissenschaftlichen Basis, auf der sich die Kirche mit den verschiedenen Religionen (Azteken, Majas, Inkas usw.) hätte auseinandersetzen können, führte dazu, daß man diese Religionen zu dem Werk des Satans zählte. Entsprechend erging es vielen Tempeln und Kultstätten der Ureinwohner. Auf dem Sonnentempel der Inkas in Cuzco bauten die Dominikaner Kloster und

Kirche; der Sonnentempel war für Jahrhunderte vergessen, bis 1950 ein Erdbeben einige Teile der alten Kultstätte ans Licht brachte.

Als die lateinamerikanischen Länder Anfang des 19. Jahrhunderts nach der politischen Unabhängigkeit strebten, wurden von Rom diese Bestrebungen offiziell verdammt. Auch angesichts der Frage der Abschaffung der Sklaverei war der Beitrag der Kirche sehr gering. »Die Kirche«, so *L. Boff,* »war Komplizin der Abhängigkeitsregimes und trug dazu bei, daß sich willkürlich soziale Schichten ablagerten«[36]. Dies ist die negative Seite der Evangelisierung. Nach dem II. Vatikanum hat die Kirche den Weg zu einer Kirche der Armen gefunden. Langsam wurde auch in Lateinamerika Wirklichkeit, was »Gaudium et Spes« so beschrieb:

»Freude und Hoffnung, Trauer und Angst der Menschen von heute, besonders der Armen und Bedrängten aller Art, sind auch Freude und Hoffnung, Trauer und Angst der Jünger Christi. Und es gibt nichts wahrhaft Menschliches, das nicht in ihren Herzen seinen Widerhall fände« (GS 1).

Medellín und Puebla sind diesen Weg weitergegangen. Sie haben sich für die Solidarisierung mit den Armen samt allen daraus erwachsenden Drohungen und Leiden entschieden. Die Geschichte der letzten Jahrzehnte zeigt, daß diesbezügliche Befürchtungen nicht übertriebener Angst entsprangen, sondern der Wirklichkeit. Die Entscheidung der Kirche in Lateinamerika für eine prophetische Kirche ist deshalb schlechthin grundlegend.

(5) *Kirche als Sakrament des Heils:* »Die Kirche in ihrer umfassenden Gesamtheit als Gemeinschaft der Glaubenden und als Gemeinschaft des geschichtlichen Glaubens an den auferweckten Jesus Christus ist mit ihrem Glaubensbekenntnis, ihrer Liturgie, ihrem kanonischen Recht, ihren Bräuchen und Überlieferungen und mit ihren Heiligen und Märtyrern immer das große Sakrament der Gnade und des Heils in der Welt genannt worden«[37].

Die Kirche ist das Zeichen und Instrument, mittels dessen der unsichtbare Gott im Himmel seine Barmherzigkeit, Treue und

Gerechtigkeit auf der Erde sichtbar und erfahrbar bezeugt. Die Kirche ihrerseits bezeugt das Sakrament, das Jesus Christus selber ist, in der Welt gerade durch die Armen. In ihr ist die Erinnerung an das Leben, Sterben und die Auferstehung ihres Herrn real anwesend. Dieser Christus, Mitte der Kirche, lebt zugleich außerhalb der religiösen Vollzüge in den Befreiungskämpfen und in den Leiden der Armen.

Diese Beschreibung der Kirche zu akzeptieren, darf nicht bedeuten, ihre Sündhaftigkeit zu leugnen – und umgekehrt. Die Kirche verliert dadurch ihren sakramentalen Charakter nicht. Für die Theologie der Befreiung ist sie der Ort, an dem die Befreiung deutlich wird, weil sie jenseits aller Klassen und Klassenkämpfe immer ein Ort der Versöhnung mit Gott und mit den Menschen ist. Das Handeln der Kirche kann sich nicht in politischen Praktiken erschöpfen, sondern sie hat dieses Ziel, dieses Eschaton, diese Wirklichkeit, zeichenhaft sichtbar zu machen.

(6) *Die Neuentdeckung der Kirche – die Basisgemeinden:* Es sei noch einmal wiederholt – die Theologie der Befreiung ist ohne die Basisgemeinden so unvorstellbar, wie die Basisgemeinden ohne die Theologie der Befreiung unmöglich gewesen wären. Beide sind eng miteinander verbunden. Wenn auch ein neues, äußerst vielgestaltiges Phänomen innerhalb der Kirche, so sind allen Basisgemeinden doch einige Merkmale gemeinsam. Sie sind Gruppen von christlichen Laien, die *regelmäßig* zusammenkommen. Diese Gruppen von Christen versuchen, ihr *alltägliches* Leben im Lichte des Evangeliums zu interpretieren, indem sie miteinander Gottesdienst feiern und versuchen, *gemeinsam* ihre Situation der Armut, Unterdrückung und Ausbeutung zu verändern. »Voraussichtlich«, so *L. Boff,* »wird aus dieser Bewegung, die inzwischen die Kirche weltweit erfaßt hat, eine neue Form der institutionellen Gegenwart des Christentums in der Welt erwachsen . . .«[38].

Es ist heute schwierig zu sagen, wann und wie die Basisgemeinden entstanden sind. In den 60er Jahren waren sie »auf einmal« da. In Medellín wurden sie von Seite der Kirche offiziell wahrgenommen und sofort als Mittel der »Erneuerung der pastoralen Strukturen« bezeichnet: »Die christliche Basisgemeinschaft ist so der erste und fundamentale kirchliche Kern, der sich in seinem eigenen Bereich für den Reichtum und die Ausbreitung des Glaubens, wie auch für die des Kults, der sein Ausdruck ist, verantwortlich machen muß. So ist sie Kernzelle kirchlicher Strukturierung, Quelle der Evangelisierung und gegenwärtig der Hauptfaktor der menschlichen Förderung und Entwicklung« (Medellín 15,10).

Die Basisgemeinden sind eine Kirche, die in den breiten Volksschichten des Kontinents Gestalt anzunehmen versucht. Heftig diskutiert und kritisiert wurde ihre Aussage: »Die Kirche entsteht aus dem Volk«, womit sie zum Ausdruck bringen wollten, daß der Glaube, der die Kirche entstehen läßt, nicht der Glaube der privilegierten Klassen, sondern vielmehr der Glaube jener ist, die unter der Unterdrückung leiden müssen. Kirche ist »Volkskirche«. Ähnlich Papst *Johannes Paul II.* in der Kathedrale von Mexico: »Die Kirche entsteht aus dem Volk aufgrund des Impulses des Hl. Geistes«. Genau dies ist die Meinung der Theologie der Befreiung und der Basisgemeinden. Sie als »eine Kirche ohne Hierarchie« zu denunzieren, geht an ihren Intentionen vorbei.

Die Erneuerungsfunktion der Basisgemeinden für die kirchlichen Strukturen war in Medellín deutlicher bewußt als in Puebla. Medellín ging nämlich davon aus, daß »die traditionelle Struktur vieler Pfarreien ungeeignet ist, ein Gemeinschaftsleben zu ermöglichen«. Auch in Puebla wurde zwar viel Positives über die Basisgemeinden gesagt: Zeichen der Freude und der Hoffnung für die Kirche, wurden sie genannt; als ein Ort, wo die Volksreligiosität gelebt und gereinigt werden kann, gewürdigt; sie seien ein wesentliches Arbeitsfeld für die ständige Diakonie und zudem eine wichtige Quelle für geistliche Berufe. Aber in Puebla zeichnet sich die Gefahr ab, die Basisgemeinden zu sehr institutionell zu reglementieren, so daß sie ihre belebende Funktion verlieren. Denn die Basisgemeinden können nicht gänzlich in die überkommenen kirchlichen Strukturen eingebaut werden, ohne ihre Rolle als Reformgemeinden, als Träger der Befreiungstheologie und als Verkörperung der Kirche im Befreiungsprozeß einzubüßen. Mit *L. Boff* ist festzuhalten: »Seit Medellín (1968) gewann diese neue kirchliche Wirklichkeit Bürgerrecht; heute stellt sie auf der ganzen Welt zweifelsfrei eines der großen Erneuerungsprinzipien der Kirche dar«[39].

Eucharistieverständnis in der Theologie der Befreiung

Die Theologie der Befreiung betont, daß die Eucharistiefeier das Ostern Christi vergegenwärtigt, den Sieg Christi über Tod und Sünde. Für die Christen bedeutet dies die Ermächtigung zum Engagement für das Gute. Deshalb ist es für diese Christen notwendig, daß die Eucharistiefeier auch den Tod aller Ungerechtigkeit und die Schaffung einer gerechteren Gesellschaft initiiert. Es wird nicht ein »ahistorisches Ereignis« gefeiert, sondern die Auferstehung Christi, die eine Hoffnung auf die endgültige Befreiung und Vollendung bei Gott mit sich bringt.

Das Gedächtnis des Herrn zu feiern, bedeutet *seinen* Weg zu gehen. Aber diese Feier ohne ein konkretes Engagement für eine gerechtere Gesellschaft, ist ein leeres Tun. Deshalb fühlen sich immer mehr Christen in Lateinamerika aus innerstem religiösen Grund dem Nächsten gegenüber verpflichtet. Dies beinhaltet den Mut zur prophetischen Anklage. Jede Art von Sünde, auch die sozialen ungerechten und sündhaften Strukturen müssen zur Sprache kommen. Gleichzeitig machen sie die Erfahrung einer neuen geschwisterlichen Kirchengemeinschaft. Die Eucharistiefeier schafft ein neues Verhältnis unter den Menschen und dies wird auch gefeiert. Für die Theologie der Befreiung ist gleich der Kirche auch die Eucharistie Sakrament der Befreiung. Sakramente der Befreiung auf den drei verschiedenen Ebenen: der sozialen, politischen und religiösen. Keine dieser Ebene ist zu vergessen. Das würde bedeuten, die Sakramentalität Christi zu verstümmeln.

Nach dem Gesagten sollte klar geworden sein, daß für die

Theologie der Befreiung die Eucharistie als sakramentale Gegenwart Christi verstanden wird. Diese sakramentale Dimension der Eucharistie ist für die Theologie der Befreiung eine Selbstverständlichkeit. Die Tatsache, daß dabei die sozialen Folgen des Glaubens an die Gegenwart Christi betont werden, bedeutet nicht eine Verleugnung dieses Glaubens. Im Gegenteil, weil Christus lebendig gegenwärtig ist und über Tod, Sünde und Ungerechtigkeit gesiegt hat, müssen sich auch die Christen, die dieses Gedächtnis feiern, in der Nachfolge Christi für die ganzheitliche Befreiung engagieren. Damit aber wird die Messe nicht schon zur Feier einer Klasseneucharistie, die sich in der Anklage gegen Sünde und Ungerechtigkeit erschöpft. Eucharistie gefeiert wie die Basisgemeinden haben schon vor vielen Jahren auch Heilige und dies in einer sehr viel deutlicheren Sprache. Schon *Las Casas* etwa hat gelehrt, die Beziehung zwischen der Eucharistiefeier und der Ungerechtigkeit zu sehen. Deshalb sagte er den Europäern, die zur Messe kamen, daß sie nicht gerettet werden könnten, wenn sie die Indios weiterhin auf diese Weise behandelten.
Die Praxis des Paulus (1 Kor 11) und die kirchliche Tradition der öffentlichen Buße sind ein weiterer Beleg für die Orthodoxie des basisgemeindlichen Eucharistieverständnisses. Wenn die Eucharistie »Communio« (Gemeinschaft) verlangt, wie kann man dann Communio (Gemeinschaft) von Folterern und Gefolterten, von Hungernlassenden und Hungernden feiern? Die Theologie der Befreiung richtet sich nicht gegen eine reale Versöhnung, im Gegenteil, sie sucht diese Versöhnung, die eine wirkliche Einheit bilden kann.
Es sei hier noch auf ein Mißverständnis hingewiesen, das sich an einigen Aussagen von *L. Boff* entzündet hat, aber auf die ganze Theologie der Befreiung übertragen wurde: Einigen neueren Veröffentlichungen zufolge behauptete L. Boff mehr oder weniger direkt, die Feier der Eucharistie sei ohne das Mitwirken eines geweihten Priesters möglich. Was L. Boff wirklich im Auge hat, ist folgendes: Wenn eine Basisgemeinde am Gründonnerstag etwa ohne einen Priester zusammenkommt, weil es keinen Priester gibt, und nicht nur die Texte von der Einsetzung des

Abendmahles liest, sondern die Ereignisse szenisch nachvollzieht, ist das sicher zunächst ein Wortgottesdienst, bei dem der Herr sicher in seinem Wort präsent ist. Nun hört die Gemeinde aber nicht nur, sondern sie feiert dieses Wort. Wie ist die Anwesenheit Christi in dieser Feier des Wortes zu bezeichnen? Nach Meinung L. Boffs handelt es sich hier um eine verdichtete Form der Präsenz Christi, der man nicht jeden sakramentalen Charakter absprechen kann.

Dabei geht es nicht zuerst um die Frage, ob Christus anwesend ist oder nicht, und es sich hier um ein Sakrament handele oder nicht, sondern es geht um die adäquate begriffliche und sachliche Fassung dieser besonderen Dimension der Feier. So jedenfalls hat L. Boff sich mehrmals zu erklären versucht. Wie immer es um diese Erklärung stehen mag – es wäre nicht richtig, der ganzen Theologie der Befreiung vorzuwerfen, was nur L. Boff als eine mögliche Interpretation dargestellt hat.

Glaube und Politik

»Doch wäre die Evangelisierung nicht vollkommen, würde sie nicht dem Umstand Rechnung tragen, daß Evangelium und konkretes Leben der Menschen als Einzelperson und als Mitglied einer Gemeinschaft einander ständig beeinflussen« (EN 29). Dieser Satz aus »Evangelii Nuntiandi« macht deutlich, daß der Glaube nicht auf einige Gebiete des menschlichen Lebens beschränkt bleiben darf. Glaube umfaßt auch die Politik.

Der Text betont, daß Glaube und Politik nicht zu trennen sind. Gerade das ist ein wichtiger Grundsatz der Theologie der Befreiung. Die Geschichte zeigt allerdings, wie schwierig es für die Kirche gewesen ist, diesen Befund zu akzeptieren. Neben der bedingungslosen Ablehnung der modernen Welt entwickelte sich seit der Mitte des 19. Jahrhunderts langsam eine Strömung, die den Dialog mit der neuen bürgerlichen Gesellschaft suchte, dem sog. liberalen Katholizismus. Solche und ähnliche Bemühungen haben sich anfangs zumeist am Rande der offiziellen Lehre

entwickelt. Später wurden sie von der offiziellen Kirche unterstützt. Mit seiner vorsichtigen Öffnung zur Gesellschaft steht das II. Vatikanum in dieser Tradition und hat darin Medellín und Puebla seine lateinamerikanische Fortsetzung gefunden. Die Theologie der Befreiung hat an dieser Entwicklung mitgewirkt.
Dabei betont die Theologie der Befreiung stets, daß ihre Entscheidung für ein politisches Engagement nicht aus dem Interesse an Politik an sich zu erklären ist, sondern ihre Beweggründe im Glauben selbst zu finden sind. Für die Befreiung der Unterdrückten und der Unterdrücker muß die Kirche konkret und also politisch eintreten. Die Kirche in Medellín hat ihre Aufgabe auf diesem Gebiet deutlich ausgedrückt.
Jenen gesellschaftlichen Gruppen, die die neue Kirche der Armen mit Schmähungen und Verleumdungen verfolgen, hat Kardinal *Aloisio Lorscheider* einmal entgegengehalten: »Oft hört man den Vorwurf, die Theologie der Befreiung sei politisch engagiert. In der Tat: Die Befreiungstheologie will eine neue, veränderte Gesellschaft in Christus. Deshalb ist sie politisch engagiert. Es gibt ohnehin keine Theologie, die nicht politisch engagiert ist« (40).

8 Texte zur Sache

Was ist Theologie der Befreiung?

Die theologischen Grundlagen werden in den lehramtlichen Texten deutlich formuliert: »Doch wäre die Evangelisierung nicht vollkommen, würde sie nicht dem Umstand Rechnung tragen, daß Evangelium und konkretes Leben des Menschen als Einzelperson und als Mitglied einer Gemeinschaft einander ständig beeinflussen. Darum fordert die Evangelisierung eine klar formulierte Botschaft, die den verschiedenen Situationen jeweils angepaßt und stets aktuell ist, und zwar über die Rechte und Pflichten jeder menschlichen Person, über das Familienleben, ohne das kaum eine persönliche Entfaltung möglich ist, über das Zusammenleben in der Gesellschaft, über das internationale Leben, den Frieden, die Gerechtigkeit, die Entwicklung; eine Botschaft über die Befreiung, die in unseren Tagen besonders eindringlich ist.« (Paul VI, Evangelii Nuntiandi, N. 29)

»(Der Mensch als Schöpfer der Kultur) Immer größer wird die Zahl der Männer und Frauen jeder gesellschaftlichen Gruppe und Nation, die sich dessen bewußt sind, selbst Gestalter und Schöpfer der Kultur ihrer Gemeinschaft zu sein. Immer mehr wächst in der ganzen Welt der Sinn für Autonomie und zugleich für Verantwortlichkeit, was ohne Zweifel für die geistige und sittliche Reifung der Menschheit von größter Bedeutung ist. Diese tritt noch deutlicher in Erscheinung, wenn wir uns die Einswerdung der Welt und die uns auferlegte Aufgabe vor Augen stellen, eine bessere Welt in Wahrheit und Gerechtigkeit aufzubauen. So sind wir Zeugen der Geburt eines neuen Humanismus, in dem der Mensch sich vor allem von der Verantwortung für seine Brüder und die Geschichte her versteht.« (Gaudium et Spes, N. 55)

Von der Arbeit der Basisgemeinden und ihrer gemeinsamen Reflexion erzählt *L. Boff:* »Die Reflexion war also nicht nur meine Aufgabe. Sie war das gemeinsame Werk der Teilnehmer, der Gruppen, der Arbeitskreise. Es war höchst erstaunlich zu sehen, wie die 70 Leiter von Basisgemeinden sechs bis acht Stunden am Tag auf harten Bänken ohne Lehnen saßen und studierten, reflektierten, zuhörten und lernten. Es waren ganz einfache Leute, aber sie äußerten ihre Meinung, erzählten von ihren Erfahrungen, gingen angeregt in die Reflexionsgruppen und lieferten sehr gute Zusammenfassungen des Erarbeiteten. Alles wurde auf der Wandtafel oder auf großen Papierbögen festgehalten, alle schrieben alles ab, jede Zeichnung, jedes Gekritzel. Das nehmen sie in ihre Gemeinden mit und geben so weiter, was sie gelernt haben.

Niemand war der Lehrer des anderen. Wir tauschten unser Wissen aus: Ich gab ihnen Erkenntnisse der Wissenschaft, und sie gaben mir das greifbare Wissen des Lebens. Einer half dem anderen. Die Weissagung des Jeremia zur Auskunft des Gottes-

reiches schien sich zu verwirklichen: Keiner brauchte den anderen irgend etwas zu lehren, weil der eine für den anderen gleichzeitig Schüler und Lehrer war. Und wie glücklich waren wir alle!« (L. Boff, Theologie hört aufs Volk, SS. 51–52)
Was es bedeutet, daß die Basisgemeinden selbst Theologie der Befreiung treiben, wird von *L. Boff* so charakterisiert: »Von der Basis bis zur Spitze: eine einzige Reflexion. Wenn von Theologie der Befreiung die Rede ist, denkt man gleich an die bekannten Namen *Gustavo Gutiérrez, Jon Sobrino, Pablo Richard* und andere. Dennoch stellt die Theologie der Befreiung ein kirchliches und kulturelles Phänomen dar, das viel zu reich und zu komplex ist, als daß man hier nur Berufstheologen anführen dürfte. Es handelt sich in Wirklichkeit um einen Denktyp, der zu einem großen Teil die gesamte Körperschaft Kirche, besonders in der Dritten Welt, durchzieht.
Tatsächlich existiert ganz unten in der Kirche, in den sogenannten Kirchlichen Basisgemeinden und in den Bibelkreisen, eine ganze Glaubensreflexion, die wir als eine diffuse und allgemeine Theologie der Befreiung bezeichnen könnten. Sie ist ein Denktyp, der mit der mehr ausgearbeiteten Theologie der Befreiung durchaus übereinkommt, da auch er christlichen Glauben und Unterdrückungssituation miteinander konfrontiert. Und genau darin besteht ja [. . .] die Theologie der Befreiung.
Darüber hinaus finden wir zwischen dieser mehr elementaren und der mehr gehobenen Ebene der Theologie der Befreiung noch eine mittlere Ebene: das Feld, auf dem die Reflexion der Hirten – der Bischöfe, Priester, Ordensschwestern und anderer in der Pastoral Tätiger – angesiedelt ist. Diese Ebene ist eine Art Brücke zwischen der mehr ausgearbeiteten Theologie der Befreiung und der Befreiungsreflexion an der christlichen Basis.« (C. und L. Boff, Wie treibt man Theologie der Befreiung, S. 20)

Die vorrangige Option für die Armen wird in Puebla folgendermaßen getroffen. »Mit erneuerter Hoffnung auf die belebende Kraft des Geistes machen wir uns wieder die Auffassung der 2. Vollversammlung zu eigen, die eine klare und prophetische, vorrangige und solidarische Option für die Armen zum Ausdruck brachte, trotz der Abweichungen und Deutungen, mit denen manche dem Geist von Medellín seine Kraft nahmen, trotz der Unkenntnis und sogar der Feindseligkeit anderer (vgl. Johannes Paul II.). Wir bestätigen die Notwendigkeit der Umkehr der gesamten Kirche im Sinne einer vorrangigen Option für die Armen mit Blickrichtung auf deren umfassende Befreiung.« (Puebla, 1134)

»Die Forderung des Evangeliums nach Armut als Solidarität mit dem Armen und als Ablehnung der Situation, in der die Mehrheit der Bevölkerung des Kontinents lebt, schützt den Armen davor, in seinem Leben Individualist zu sein und sich von dem falschen Ideal einer Konsumgesellschaft anziehen und verführen zu lassen. Auf die gleiche Weise kann das Zeugnis einer armen Kirche die Reichen evangelisieren, die ihr Herz an den Reichtum gehängt haben, indem es sie zur Umkehr veranlaßt und sie von dieser Knechtschaft und ihrem Egoismus befreit.« (Puebla, 1156)

»Mit ihrer vorrangigen, aber nicht ausschließlichen Liebe zu den Armen war die in Medellín gegenwärtige Kirche, wie es der Heilige Vater zum Ausdruck brachte, ein Aufruf zur Hoffnung auf christlichere und menschlichere Ziele (vgl. Ansprache an die Arbeiter in Monterrey). Die 3. Bischofskonferenz von Puebla will diesen Aufruf lebendig erhalten und der Hoffnung neue Horizonte eröffnen.« (Puebla, 1165)

In Puebla heißt es: »Diese äußerste allgemeine Armut nimmt im täglichen Leben sehr konkrete Züge an, in denen wir das Leidensantlitz Christi, unseres Herrn, erkennen sollten, der uns fragend und fordernd anspricht in:
– den Gesichtern der Kinder, die schon vor ihrer Geburt mit Armut geschlagen sind, die in den Möglichkeiten ihrer Selbstverwirklichung durch irreparable geistige und körperliche Schäden behindert werden und die in unseren Städten, oftmals ausgebeutet, als Produkt der Armut und des moralischen Zerfalls der Familie ein Vagabundendasein fristen;
– den Gesichtern der jungen Menschen ohne Orientierung, da sie keinen Platz in der Gesellschaft finden und frustriert sind, insbesondere in ländlichen Gebieten und den Randzonen der Städte, da sie weder Ausbildung noch Beschäftigung finden;
– den Gesichtern der Landbevölkerung, die als gesellschaftliche Gruppe fast auf dem ganzen Kontinent in der Verbannung lebt, die manchmal des Grund und Bodens beraubt ist, sich in innerer und äußerer Abhängigkeit befindet und Vermarktungssystemen unterworfen ist, die sie ausbeutet;
– den Gesichtern der Arbeiter, die häufig schlecht bezahlt sind und Schwierigkeiten haben, sich zu organisieren und ihre Rechte zu verteidigen;
– den Gesichtern der Unterbeschäftigten und Arbeitslosen, die aufgrund der harten Bedingungen von Wirtschaftskrisen und Entwicklungsmodellen entlassen wurden, die die Arbeiter und ihre Familien von kaltem wirtschaftlichem Kalkül abhängig machen;
– den Gesichtern der Randgruppen der Gesellschaft und derer, die auf viel zu engem Raum leben, die unter dem doppelten Druck des Mangels an materiellen Gütern und dem sichtbaren Reichtum anderer Gesellschaftsschichten leiden;
– den Gesichtern der Alten, deren Zahl ständig zunimmt, und die oft von der Fortschrittsgesellschaft ausgeschlossen werden, da man unproduktive Individuen nicht brauchen kann.

Wir teilen mit unserem Volk andere Ängste, die aus dem Mangel an Achtung vor der Würde des Menschen herrühren, der doch das Ebenbild des Schöpfers ist und als Kind Gottes über unveräußerliche Rechte verfügt.« (Puebla, 31–40)

Die Praxis als Forderung der Liebe

Über den Klassenkampf und die christliche Liebe schreibt *G. Gutiérrez:* »Es kann nicht geleugnet werden, daß die Frage des Klassenkampfes Probleme für die Universalität der christlichen Liebe und die Einheit der Kirche aufwirft. Dennoch hat jede Überlegung zu diesem Thema von zwei elementaren Feststellungen auszugehen: Klassenkampf ist eine Tatsache, und Neutralität in diesem Punkt ist schlicht unmöglich.
Der Klassenkampf ist in der Tat ein Bestandteil unserer wirtschaftlichen, gesellschaftlichen, politischen und religiösen Wirklichkeit. Seine Entwicklung, seine genaue Tragweite, seine verschiedenen Darstellungsweisen und Spielarten sind Gegenstand der Sozialwissenschaften und gehören in den Bereich der wissenschaftlichen Rationalität.
Die Tatsache des Klassenkampfes anzuerkennen hängt nicht von unseren ethischen oder religiösen Optionen ab.« (G. Gutiérrez, – Theologie der Befreiung, S. 260)

Praxis als Forderung des Glaubens

L. Boff bietet ein gutes Beispiel von Assistentialismus bzw. Reformismus in Brasilien: »Zum Beispiel lag Brasilien wirtschaftlich gesehen 1964 an 46. Stelle in der Welt, 1984 war es bereits auf den 8. Rang vorgerückt. In den letzten zwanzig Jahren gab es eine unleugbare technische und industrielle Entwicklung, zu gleicher Zeit aber einen beträchtlichen Rückschritt in den sozialen Verhältnissen: Ausbeutung, Elend und Hunger wie niemals zuvor in unserer Geschichte. Das war der Preis, den die Armen für diesen Typ von elitistischer, ausbeuterischer und ausschließender Entwicklung zu zahlen hatten, der, wie Papst

Johannes Paul II. sagt, die Reichen immer reicher und die Armen immer ärmer macht.« (L. u. C. Boff, Wie treibt man Theologie der Befreiung, S. 14)

Das Verhältnis: Schöpfung und Erlösung

Das Verhältnis von Schöpfung und Erlösung formulieren unvergeßlich die biblischen Texte selbst: »So spricht Gott, der Herr, der den Himmel erschaffen und ausgespannt hat, der die Erde gemacht hat und alles, was auf ihr wächst, der den Menschen auf der Erde den Atem verleiht und allen, die auf ihr leben, den Geist: Ich, der Herr, habe dich aus Gerechtigkeit gerufen. Ich fasse dich an der Hand. Ich habe dich geschaffen und dazu bestimmt, der Bund für mein Volk und das Licht für die Völker zu sein.« (Jes 42,5–6)

»Wach auf, wach auf, bekleide dich mit Macht; Arm des Herrn! Wach auf wie in den früheren Tagen, wie bei der Generation der Vorzeit! Warst du es nicht, der das Meer trocknen ließ, die Wasser der großen Flut, der die Tiefen des Meeres zum Weg gemacht hat, damit die Erlösten hindurchziehen konnten?« (Jes 51,9–10)

»Ich habe das Elend meines Volkes in Ägypten gesehen, und ihre laute Klage über ihre Antreiber habe ich gehört. Ich kenne ihr Land. Ich bin herabgestiegen, um sie der Hand der Ägypter zu entreißen und aus jenem Land hinaufzuführen in ein schönes, weites Land, in dem Milch und Honig fließen, in das Gebiet der Kannaniter, Hetiter, Amoriter, Perisiter, Hiwiter und Jebusiter. Jetzt ist die laute Klage der Israeliten zu mir gedrungen, und ich habe auch gesehen, wie die Ägypter sie unterdrücken. Und jetzt geh! Ich sende dich zum Pharao, führe mein Volk, die Israeliten aus Ägypten heraus.« (Ex 3,7–10)

»Zu Mose sagten sie: ›Gab es denn keine Gräber in Ägypten, daß du uns zum Sterben in die Wüste holst? Was hast du uns angetan? Warum hast du uns aus Ägypten herausgeführt? Haben wir dir in Ägypten nicht gleich gesagt: Laß uns in Ruhe! Wir wollen Sklaven der Ägypter bleiben; denn es ist für uns immer noch besser, Sklaven der Ägypter zu sein, als in der Wüste zu sterben.‹« (Ex 14, 11–12

Glaube und Politik

Kardinal *Aloisio Lorscheider* definierte dieses Verhältnis in einer Rundfunkansprache einmal so: »Die Kirche hält es für ihre Pflicht und für ihr Recht, auf dem Feld der politischen Realität präsent zu sein. Warum? Weil das Christentum die Aufgabe hat, die gesamte menschliche Existenz zu evangelisieren. Politisches Handeln ist doch Teil der menschlichen Existenz. Also muß die Kirche auf dem Feld der Politik vertreten sein, um genau dort zu evangelisieren. Deshalb sind diejenigen im Unrecht, die den Raum des Glaubens auf das persönliche und familiäre Leben beschränken wollen, indem sie den beruflichen, wirtschaftlichen, sozialen und politischen Bereich ausklammern, so als hätten Liebe, Gebet, Gerechtigkeit, Vergebung und Respekt der Menschen untereinander dort überhaupt keine Bedeutung ... Die Werte des Glaubens dürfen in keiner menschlichen Handlung fehlen.« (Publik-Forum, 27. 7. 84)

Medellín hat die Aufgabe der Kirche auf diesem Gebiet deutlich ausgedrückt: »Der Mangel an politischem Bewußtsein in unseren Ländern macht die erzieherische Aktion der Kirche unentbehrlich. Ihr Ziel ist es, daß die Christen ihre Beteiligung am politischen Leben der Nation als Gewissenspflicht und als Akt der Nächstenliebe in ihrem edelsten und wirksamen Sinn für das Leben der Gemeinschaft ansehen.« (Medellín, 1,16)

[Es ist unsere Aufgabe,] »uns zu bemühen, daß unsere Verkündigung, Katechese und Liturgie die soziale und kommunitäre Dimension des Christentums beachtet, indem wir Menschen bilden, die sich dem Aufbau einer friedlichen Welt verpflichten.« (Medellín, 2,24)

9 Literatur zur Vertiefung des Themas

Boff, L. und C., Wie treibt man Theologie der Befreiung? (Düsseldorf 1986): Es handelt sich um eine sehr einfache Einführung in die Problematik der Theologie der Befreiung. Sprachlich auch für Nichtfachleute verständlich.
Eicher, P. (Hrsg.)., Theologie der Befreiung im Gespräch (München 1985): Wie der Titel sagt, handelt es sich um ein theologisches Gespräch. Die Gespräche mit *Gutiérrez* und *L. Boff* sind eine hilfreiche Einführung auch für Nichttheologen.

Vorrangige Option für die Armen

Gutiérrez, G., Die historische Macht der Armen (München/Mainz 1984): Die vorrangige Option für die Armen, die in Medellín und Puebla getroffen wurde, findet in diesem Buch eine ausführliche Darstellung.

Theologie der Befreiung und Sozialwissenschaften

Gutiérrez, G., Theologie und Sozialwissenschaften. Eine Ortsbestimmung, in: *Rottländer, P.*, (Hrsg.); Theologie der Befreiung und Marxismus (Münster 1986), S. 45–75: Diese Arbeit stellt in einer hervorragenden Weise die ganze Problematik der Sozialwissenschaften in der Theologie der Befreiung dar.

Die Praxis als Zentrum theologischer Reflexion

Castillo, F., Befreiende Praxis und theologische Reflexion, in: Castillo, G., (Hrsg.), Theologie aus der Praxis des Volkes (München/Mainz 1978), S. 13–35: Die Arbeit stellt die Praxis als Ausgangspunkt der Theologie dar und zeigt, daß die Praxis auf eine neue Art Theologie zu treiben hinweist.

Jesus Christus der Befreier

Boff, L., Jesus Christus der Befreier (Freiburg 1986): Dem Verfasser geht es um die traditionellen Inhalte der Christologie aus der Sicht Lateinamerikas.
Sobrino, J., Der Gott des Lebens wird sichtbar bei Jesus von Nazareth, in: *Assman, H. u.a.,* Die Götzen der Unterdrückung (Münster 1984), S. 63–110: Diese Arbeit stellt die grundlegenden Punkte der Christologie in kurzen Aussagen oder Thesen zusammen. Es handelt sich um eine Arbeit, die von den grundlegenden historischen Zügen des Lebens Jesu ausgeht.

Die Kirche in der Praxis der Befreiung

Boff, L., Die Neuentdeckung der Kirche. Basisgemeinden in Lateinamerika (Mainz 1980). Der Verfasser versucht die »Kirche« neu zu formulieren. Die Kirche der Theologie der Befreiung ist die alte Kirche der Apostel und gerade das zeigt, daß die Basisgemeinden eine Überwindung der gegenwärtigen Strukturen sein könnten.
Boff, L., Der Weg der Kirche mit der Unterdrückten und die Kirche in den unteren Klassen. Ein neuer Pakt, in: Boff, L.: Aus dem Tal der Tränen ins gelobte Land (Düsseldorf 1982), Teil II und IV. Hier wird gezeigt, welche Konsequenzen die »vorrangige Option für die Armen« mit sich bringt.
Hoornaert, E., Kirchengeschichte Brasiliens aus der Sicht der Unterdrückten 1550–1800 (Mettingen 1982). Das Buch ist ein gutes Beispiel, wie die Kirche und ihre Geschichte aus der Sicht der Armen anders geschrieben und gesehen werden kann.
Lorscheider, L., Die Interpretation der Gestalt des Bischofs inmitten der Armen und des gläubigen Volkes, in: Concilium 6 (1984) 477–479, Kardinal Lorscheider (Bischof von Fortaleza/ Brasilien) zeigt hier, daß sich nicht nur das Kirchenverständnis ändert, sondern auch das Amtsverständnis.

Gestalten und deren Lebensgeschichte in der neuen lateinamerikanischen Kirche

Camara, H., Gott lebt in den Armen (Olten 1986)
Cabestrero, T., Mystik der Befreiung. Ein Portrait des Bischofs Pedro Casaldáliga in Brasilien (Wuppertal 1981)
Erdozain, P., San Romero de America. Das Volk hat dich heilig gesprochen (Wuppertal 1981)
Lorscheider, A., Parteinahme für die Armen. Rundfunkansprache aus Brasilien (München 1984)
Romero, O., Die notwendige Revolution (München/Mainz 1982)

Materialien für die praktische Arbeit

Reiser, A./Schoenborn, P. G.: Basisgemeinde und Befreiung. Lesebuch zur Theologie und christlichen Praxis in Lateinamerika (Wuppertal 1981): Das Buch enthält zahlreiche authentische Textbeispiele, Lieder, Gebete, usw. Ein geeignetes Buch als Grundlage für Gruppenarbeit, Unterricht, Gottesdienst, usw.
Vamos Caminando – Machen wir uns auf den Weg (Münster/Freiburg 1983): Es handelt sich um einen Katechismus, der aus der gemeinsamen Reflexion mit Basisgemeinden entstanden ist. Gut geeignet für die Gruppenarbeit, um die Methode der Theologie der Befreiung konkret zu erfahren.

III Die Reaktion gegen die Theologie der Befreiung – kritische Anfragen

Wenn wir uns im folgenden mit der Reaktion gegen die Theologie der Befreiung beschäftigen, so wird dabei insbesondere die theologische Seite der Diskussion im Blick stehen. Aber es sollte nicht vergessen werden, daß auch der wirtschaftliche und politische Kontext eine Rolle bei der Entstehung und Austragung dieser Diskussion gespielt haben und noch heute weiter spielen.

Allein die Auslandsverschuldung Lateinamerikas ist heute auf über 900 Milliarden US Dollars gesteigen. Diese Zahlen bedeuten nicht nur Schulden, sondern auch Hunger für viele Länder. Wenn in dieser Situation eine Theologie entsteht, die den betroffenen Menschen das Bewußtsein der eigenen Würde gibt und ihnen hilft, die Ungerechtigkeit nicht nur zu sehen, sondern gegen sie zu kämpfen, ist es selbstverständlich, daß die Repräsentanten der wirtschaftlichen Interessen alles unternehmen werden, um den Status quo zu verteidigen. Das geschieht in den unterentwickelten Ländern und auch in den Industrienationen. Es ist nur auf den ersten Blick merkwürdig, daß die Bundesvereinigung der deutschen Arbeitgeberverbände so viel Interesse an der Theologie der Befreiung zeigt. Das Studiengespräch 1986, das vom Institut der Deutschen Wirtschaft, der Bundesvereinigung der Deutschen Arbeitgeberverbände und der Gilde katholischer Ingenieure Deutschlands veranstaltet wurde, war diesbezüglich von entwaffnender Offenheit: »Durch diese Veranstaltung sollte deutlich gemacht werden, wie sehr dieses innerkirchliche und theologische Streitobjekt Wirkungen zeigt für die Gesellschafts- und Wirtschaftsauffassungen der Dritten Welt [...] Dabei erweist sich das Problem als eine Herausforderung, die sich nicht nur den Kirchen, sondern auch den Vertretern der deutschen

Wirtschaft stellt, soweit sie entweder mit dem Kirche-Wirtschaft-Dialog befaßt sind oder durch ihre Unternehmen selbst in Entwicklungsländern engagiert sind [. . .] Es wurde deutlich, daß harte Kontroversen über dieses Thema noch bevorstehen, die nicht nur den Vatikan oder den Weltrat der Kirche betreffen, sondern auch die allgemeine politische Diskussion einbeziehen werden«[1]. Unter diesem Aspekt des Konfliktes spielten die USA seit jeher eine sehr wichtige Rolle. Offizielle Untersuchungen des Auswärtigen Ausschusses des nordamerikanischen Kongresses haben festgestellt, daß die USA zwischen 1798 und 1969 über 150 militärische Aktionen in Lateinamerika durchgeführt haben[2]. Wie groß das Interesse der USA für Lateinamerika ist, zeigt das sogenannte »Santa-Fe-Papier«. Dieses Dokument wurde als Grundlage für die Lateinamerikapolitik der *Reagan*-Administration vorbereitet. Es empfiehlt, die Theologie der Befreiung und die Befreiungstheologen unnachgiebig zu bekämpfen.
Wie viele Laien, Priester und Ordensleute haben die Option für die Armen schon mit ihrem Leben bezahlt? Seit Medellín stellen sich Bischöfe, Priester, Ordensleute und Laien dieser Kirche in wachsender Zahl auf die Seite der armen, ausgebeuteten und leidenden Menschen, und die Kirche wurde zur Stimme derer, die keine haben. Diese Parteinahme für die Unterdrückten und Entrechteten bezahlt die Kirche mit einem hohen Preis, der von Verleumdung bis zum Massaker in christlichen Gemeinden geht[3]. All dies gilt es bei der Lektüre der folgenden Seiten im Kopf zu behalten.

1 Von Medellín bis Puebla: Geschichte eines Konfliktes

Die Anfänge der Theologie der Befreiung liegen in den sechziger Jahren. Ihre Grundgedanken verbreiteten sich rasch und haben die Dokumente, die in Medellín erarbeitet wurden, inspiriert. Große Aufmerksamkeit erreichte diese Theologie durch das erste

Buch zum Thema, das *Gustavo Gutiérrez* Anfang der siebziger Jahre veröffentlichte (Teología de la Liberación, 1971; deutsch: Theologie der Befreiung, Mainz 1973).
Schon 1972 bildet sich eine erste Front gegen die neue Theologie. Die bekanntesten Gegner in dieser Zeit sind der Belgier *Roger Vekemans* SJ und der kolumbianische Priester *Alfonso López Trujillo,* der im Jahre 1971 Weihbischof von Bogotá und 1983 zum Kardinal erhoben wurde. Roger Vekemans war in Chile tätig. Als *Salvador Allende* 1970 die Präsidentschaftswahlen gewann, gab er seine Arbeit in Chile ganz auf und gründete in Bogotá das Institut CEDIAL (Centro de Estudios para el Desarrollo e integración en América latina – Studienzentrum für die Entwicklung und Integration in Lateinamerika). Von hier aus organisierte Vekemans seine Kampagne gegen die Theologie der Befreiung. Ein erstes Dokument dieser Arbeit ist sein Buch ›Teología de la Liberación y cristianos por el socialismo‹ (Theologie der Befreiung und Christen für den Sozialismus), das 1976 im CEDIAL erschien.
1976 organisierte Vekemans in der Villa Emmaus (Rom) einen Kongreß des Arbeitskreises »Kirche und Befreiung«. Die angebliche Unterstützung des Kongresses durch das Hilfswerk Adveniat löste heftige Reaktionen aus. So veröffentlichte 1977 eine Gruppe von etwa einhundert katholischen und evangelischen deutschen Theologen ein »Memorandum zur Kampagne gegen die Theologie der Befreiung«. Sie protestierten in diesem Papier dagegen, daß die katholische Kirche in der Bundesrepublik die Kampagne gegen die Theologie der Befreiung unterstützte, und zwar nicht zuletzt durch das Hilfswerk Adveniat.
In den Monaten der Diskussion über Adveniat, die durch das Memorandum der Theologen entstanden war, kam der Geschäftsführer dieses Hilfswerkes, Prälat *Emil Stehle* (heute Weihbischof von Quito) in die Gemeinde St. Maria Empfängnis in Wuppertal-Vohwinkel, um vor der Gemeinde zu den Vorwürfen gegen Adveniat Stellung zu nehmen. Gefragt, wer die Veröffentlichung des genannten Buches von Vekemans finanziert hätte, antwortete Prälat Stehle, Adveniat habe nur dem CEDIAL Geld

zukommen lassen. Der Direktor dieses Institutes aber hieß Roger Vekemans SJ.
Merkwürdigerweise glaubte Vekemans, die Schriften der »Christen für den Sozialismus« mit der Theologie der Befreiung identifizieren zu müssen und sie auf diesem Hintergrund des Marxismus überführen zu können. Die Gleichsetzung, die Vekemans vornimmt, ist jedoch unhaltbar. Das Treffen »Christen für den Sozialismus« fand 1972 in Santiago de Chile statt. Daß dabei einige Befreiungstheologen an diesem Treffen teilgenommen haben, bedeutet aber nachweisbar nicht, daß das Schlußdokument dieser Tagung ein Dokument der Theologie der Befreiung sei.
1973 entstand der Studienkreis »Kirche und Befreiung«. Zu seiner Gründung eingeladen hatten gemeinsam Bischof *Franz Hengsbach* (Essen) und Weihbischof *López Trujillo* (Bogotá), die bis 1977 auch als Kopräsidenten des Kreises fungierten. Zum Studienkreis gehörten etwa 20 deutsche und lateinamerikanische Theologen und Soziologen. Welchem Zweck er diente, läßt sich der Presseerklärung von Bischof Hengsbach entnehmen: »Die sogenannte Theologie der Befreiung führt ins Nichts. In ihrer Konsequenz liegt der Kommunismus. Revolution ist kein Weg zur Besserung der Verhältnisse«[4].
In diesem Zusammenhang erklärte Bischof Hengsbach weiter, daß der Studienkreis sich auch in Zukunft treffen und für die bevorstehende Vollversammlung in Puebla engagieren würde, um zur Korrektur der Fehldeutungen der Medellínkonferenz (1968) beizutragen. Ergebnis des ersten Studienkreis-Treffens ist das Buch »Kirche und Befreiung« (1975) mit Beiträgen von Bischof *Franz Hengsbach, Anton Rauscher* SJ, Weihbischof *López Trujillo, Roger Vekemans* SJ und *Wilhelm Weber.*
Einen besonderen Platz im Kampf gegen die Theologie der Befreiung hat sich der schon erwähnte *López Trujillo* (heute Bischof von Medellín und Kardinal) erworben. 1972 wurde er Generalsekretär des CELAM (Ständige bischöfliche Kommission für Lateinamerika). CELAM veranstaltete jetzt Kongresse und unterstützte Publikationen gegen die Theologie der Befreiung.

Ein Beispiel unter vielen ist das 1977 erschienene Buch von *Bonaventura Kloppenburg,* »Iglesia Popular«, deutsch: Die Neue Volkskirche (1981). Kloppenburg war seit 1974 Leiter des Pastoralinstituts des CELAM und seit 1982 Weihbischof von Salvador/Bahía (Brasilien). Anfang 1986 wurde er Bischof von Novo Hamburgo (Rio Grande do Sul-Brasilien). »Iglesia popular«, eine Kampfschrift gegen die Basisgemeinden, wurde 1983 auch in Brasilien veröffentlicht, trotz aller Proteste von Seiten Kardinals Arns.
Die polemische Rolle des Generalsekretärs des CELAM López Trujillo wurde vor allem in der Vorbereitungsphase und Vollversammlung des lateinamerikanischen Episkopats in Puebla selber deutlich. 1976 hatte Kardinal *Baggio* in Puerto Rico diese III. Vollversammlung der lateinamerikanischen Bischöfe einberufen. Der CELAM wies sofort darauf hin, daß in Puebla im Unterschied zu Medellín eine strikt bischöfliche Konferenz stattfinden solle und die Rolle der Fachleute beschränkt sein würde. Ende 1977 wurde allen Bischöfen ein Konsultationsdokument zugeschickt. Die Befreiungstheologen kritisierten dieses Dokument als zu doktrinär, deduktiv und simplifizierend. Im Jahr darauf wurde ein neues Dokument erarbeitet und mit der Auflage der Geheimhaltung den Bischöfen zugestellt. Wegen des Todes *Paul VI.* und seines Nachfolgers *Johannes Paul I.* fand die vorgesehene Konferenz erst im Januar/Februar 1979 statt. An ihr nahmen 370 Personen teil, darunter 21 Kardinäle und 197 Bischöfe. Von den Teilnehmern waren 170 gewählt und 200 berufen worden. Zu beachten ist dabei, daß der Generalsekretär *López Trujillo* Einfluß auf die Berufung nehmen konnte. Welches Klima vor und während der Versammlung herrschte, zeigt ein Brief von Trujillo an Bischof *Luciano Duarte* (Brasilien), der während der Generalversammlung durch die mexikanische Zeitung »Uno más Uno« veröffentlicht wurde:

»Lieber Luciano,
ich konnte es nicht mehr abwarten, Dir diese persönlichen Zeilen zu schreiben [. . .]

Im Vertrauen sage ich Dir, daß es nicht einfach war, die Puebla-Konferenz im Januar stattfinden zu lassen [. . .] Es gab Gruppen, die daran interessiert waren, daß sie verschoben würde, oder gar definitiv aufgehoben würde [. . .] In einigen Gruppen gab es kein größeres Anliegen als das, daß die Dinge konfus und zweideutig blieben. Außerdem war es nicht möglich, die Versammlung des Bischofsrates einzuberufen, bevor nicht zuvor die Bischofskonferenz in Puebla stattgefunden habe. Man hätte – wie immer gefährliche – Wahlen durchgeführt ohne ideologische Plattform und ohne konkrete reife Programme [. . .] Ich habe mit Don Aloisio (dem brasilianischen Kardinal Lorscheider, Präsident der CELAM) und mit dem Kardinal Landázuri und anderen über alle Schlußfolgerungen gesprochen, die aus der haltlosen Position von Leonardo Boff (brasilianischer Theologe der Befreiung) hervorgehen [. . .] Traurig ist, daß die Kongregation der Religiösen gegenüber diesen und vielen anderen Abweichungen auf ihrem Weg ohne jede eschatologische Spannung bleibt [. . .] Hoffentlich hast du Dich mit dem Kardinal Alvear und mit dem Kardinal Eugenio getroffen. Mir scheint, daß sie mit einem gewissen Optimismus nach Puebla fahren. Und ich glaube, daß, wenn man alles zusammennimmt, sie hinreichende Gründe dafür haben. Ich habe in Rom einige Minuten mit dem Kardinal von Sao Paolo gesprochen. Ich habe ihm meine Ansicht zu den Gedanken von Boff mitgeteilt. Und ich habe ihm (was ich auch jetzt tue) versprochen, ihm ein Buch zuzusenden, um zu sehen, in welchen Punkten wir einer Meinung sind [. . .] Ich bin davon überzeugt, daß diese Personen sich sehr stark fühlen, wenn man sie nicht angreift. Wenn man ihnen die Sachen ins Gesicht sagt, dann nehmen sie eine andere Haltung ein [. . .] obwohl niemand sie dazu bringen wird, ihre Position zu verändern [. . .]
Hoffentlich schreibst Du mir. Wir arbeiten gut und sehr einträchtig zusammen mit dem Kardinal Aponte. Mit Gottes Hilfe werden sich die Dinge positiv entwickeln. Jedenfalls wenn sie mich erschießen, während Du Platten von Augustín Lara hörst und Gedichte von Pablo Neruda liest, solltest Du nicht unterlassen, mir eine Grabinschrift zu entwerfen. Ich schlage Dir ganz

einfach diese Sätze vor: Er kämpfte und er fiel. Eine herzliche brüderliche Umarmung.«[5]

Die Reaktion ließ nicht auf sich warten »Der Brief von López Trujillo an den brasilianischen Bischof Luciano Duarte«, hieß es in einer von verschiedenen kritischen Gruppen unterzeichneten Erklärung, »der während der in Puebla versammelten Lateinamerikanischen Bischofskonferenz in Puebla publiziert wurde, hat bestätigt, was viele Personen und Gruppen des ganzen Kontinents seit vielen Jahren anklagen. In ihm wird deutlich belegt, daß

– sein Einsatz für die Konferenz von Puebla darauf ausgerichtet war, die durch die Konferenz von Medellín angeregte Dynamik zu negieren;
– er die Ernennung von Bischöfen und Eingeladenen zur Konferenz manipulierte, um seine konservative Linie durchzusetzen;
– er eine kämpferische Kampagne gegen die Theologie der Befreiung und gegen alle Personen und Institutionen führt, die sie vertreten und vorantreiben und daß
– er über Mechanismen verfügt, um die nächste Versammlung des lateinamerikanischen Bischofsrates zu bestimmen, in der die neuen Vertreter gewählt werden«[6].

So sehr diese Erklärung auch zutraf, bedeutete das am Ende in Puebla verabschiedete Dokument keinen Bruch mit Medellín. Viele Anregungen der Theologie der Befreiung sind auch hier enthalten und z. T. weiterentwickelt worden.

Um die richtige Interpretation des Dokumentes zu gewährleisten, benannte der inzwischen zum Präsidenten des CELAM avancierte López Trujillo ausgewählte Professoren, die den Auftrag hatten, Bischöfe, Priester und Laien in das Dokument einzuführen. Während ich 1980 in Nicaragua war, konnte ich an einem dieser Treffen teilnehmen. Es fand in Matagalpa statt und war für die Priester der Diözese León, Matagalpa und Estelí bestimmt. Die beiden kolumbianischen Professoren führten aus, es gehe auch ihnen darum, die Beschlüsse von Puebla auf die konkrete Realität Nicaraguas zu übertragen. Ihre Absicht in Ehren! Aber die beiden Professoren mußten bald bekennen, daß sie die Realität Nicara-

guas nicht kannten. Zudem war die Methode, derer sie sich bedienten, kaum geeignet, um die Beschlüsse von Puebla auf die Realität Nicaraguas zu übertragen: Vom Morgen bis zum Abend mußten die Teilnehmer geduldig zuhören, was die beiden zu erzählen hatten, eine Methode, die heute selbst in den Schulen nicht mehr gebraucht wird. Aber es ging um die richtige Lehre.
Bis 1983 blieb Bischof López Trujillo Präsident in CELAM. Während der Versammlung des Bischofsrates in Haití wurde Bischof *Antonio Quarracino* (Argentinien) zum neuen Präsidenten und Bischof *Darío Castrillón* (Kolumbien) zum Generalsekretär gewählt. Castrillón gehört zum Studienkreis »Kirche und Befreiung« und ist Mitglied des Redaktionskomitees der Zeitschrift »Tierra Nueva« (Neue Erde), die vom Institut CEDIAL, dessen Direktor *Roger Vekemans* ist, veröffentlicht wird.

2 Die Sozialwissenschaften und die Theologie der Befreiung

Die Polemik von Roger Vekemans zeigt, daß überall da, wo die Sozialwissenschaften in der Theologie kritisch zum Zug kommen, und das geschieht in der Theologie der Befreiung, Marxismusverdacht aufkommt. Weil die Theologie der Befreiung auch von »Revolution« und von »Kampf« für die Befreiung spricht, wird sie sofort verdächtigt, sich die marxistische Klassenkampftheorie zu eigen gemacht zu haben[7].

Die Bedeutung der Sozialwissenschaften für die Theologie

Es sei hier nochmals an den Brief erinnert, den *Karl Rahner* kurz vor seinem Tod, am 16. 3. 84 an Kardinal *Landázuri Rickets* (Lima) schrieb[8]. War etwa auch Karl Rahner Kommunist? Oder sind alle Exegeten, die von einer »sozialhistorischen Exegese«,

»sozialgeschichtliche Bibelauslegung« oder vom »Sitz im Leben« sprechen[9], des Marxismus verdächtig?
Die Sozialwissenschaften haben eine bestimmte und unentbehrliche Funktion: das Verständnis der konkreten Situation. Sie beschreiben im Falle Lateinamerikas dem Theologen eine Situation, die im Lichte des Glaubens als ein Widerspruch zum Evangelium erscheint. Erinnert sei an die Dependenztheorie (s. oben S. 17–21), die für die Theologie der Befreiung so wichtig geworden ist. Die Dependenz oder Abhängigkeit ist eine Tatsache. Zur Erklärung dieser Tatsache hat man die Dependenztheorie entwickelt, die wie jede Theorie, ständig kritisch überprüft werden muß. Die Wissenschaft schreitet durch die Theorie voran, die dieselbe Realität erklärt. Das heißt, daß die Theologie der Befreiung nicht unbedingt an die Dependenztheorie gebunden ist. Sie wird angewendet, solange eine bessere Erklärung der Realität fehlt.
Oft wird behauptet, die Dependenztheorie sei eine Spielart der marxistischen Imperialismustheorie. Aber diese Theorie ist in Lateinamerika entstanden und stützt sich besonders auf die Untersuchungen des CEPAL (Comisión económica para América latina – UN Wirtschaftskommission für Lateinamerika). Marx hatte mehrmals behauptet, daß das industrialisierte Land für die weniger entwickelten (unterentwickelten) Länder ein Vorbild, bzw. ein Modell sei, ein Urteil, das die Dependenztheorie gründlich kritisiert hat. Das Dokument von Medellín macht von dieser Theorie Gebrauch, wenn es von »internationalen Spannungen und externem Neokolonialismus« spricht: »Wir beziehen uns hier besonders auf die Konsequenzen, die für unsere Länder eine Abhängigkeit von einem Wirtschaftszentrum in sich bergen, um das sie sich gruppieren. Daraus ergibt sich, daß unsere Länder häufig weder Eigentümer ihrer Güter noch Herren ihrer wirtschaftlichen Entscheidungen sind. Es liegt auf der Hand, daß das nicht ohne Auswirkungen auf das Politische bleibt, im Hinblick auf die wechselseitige Abhängigkeit, die zwischen beiden Bereichen besteht.« (Medellín, 2,8)
Die Dependenztheorie ist nur ein Beispiel, wie die Sozialwissen-

schaften der Theologie helfen, sich über die konkrete Situation christlichen Redens und Handelns klar zu werden.

Der Marxismusverdacht

Unbestreitbar benutzen die Sozialwissenschaften für ihre Analysen Elemente oder Gedankengänge der marxistischen Theorie. Solche Elemente lassen sich auch bei Autoren bzw. Theorien nachweisen, die sich ausdrücklich gegen Marx erklären. *Max Weber* ist dafür nur ein prominentes Beispiel. Daß der Beitrag von *Karl Marx* zu den Sozialwissenschaften auch von Seiten der Theologie angenommen wird, bedeutet daher nicht schon die Aufnahme des Marxismus als solchem. Natürlich kann die Theologie keine atheistische Ideologie akzeptieren. Ebensowenig darf sie mit einer mechanischen und fatalistischen Vorstellung der Geschichte einverstanden sein, die keinen Raum für Freiheit läßt. Doch die Angst vor dem Marxismus hat viele Gründe. »Wer Marxismus hört«, so *L. Boff,* »denkt an Atheismus, Gewalt, barbarische Repression, entpersönlichende Kollektivisierung, Konzentrationslager usw. Es soll nicht bestritten werden, daß es all das in den Bewegungen gibt, die marxistisch sein wollen. Trotzdem ist es gefährlich, mit diesen Überlegungen zu argumentieren, weil solche Tatsachen nicht für den Marxismus spezifisch sind«[10].

Differenzierung also ist notwenig. Schon *Johannes XXIII*. hält es in »Pacem in Terris« (1963) zunächst für »durchaus angemessen, bestimmte Bewegungen, die sich mit wirtschaftlichen, sozialen und kulturellen Fragen oder mit Politik befassen, zu unterscheiden von falschen philosophischen Lehrmeinungen über das Wesen, den Ursprung und das Ziel der Welt und des Menschen, auch wenn diese Bewegungen aus solchen Lehrmeinungen entstanden und von ihnen angeregt sind«. (PT 159). *Paul VI*. geht noch weiter und differenziert in »Octogesima Adveniens« die »unterschiedlichen Formen des Marxismus«. Demgemäß sind zu unterscheiden:

– Marxismus als historische *Praxis des Klassenkampfes;*
– Marxismus als eine *geschichtliche Form,* in der politische und wirtschaftliche Macht ausgeübt wird;
– Marxismus als eine *theoretisch-philosphische* Praxis atheistischer Prägung und
– Marxismus als eine *Methode* zur genaueren Erfassung sozialer und politischer Verhältnisse (OA 33).

Eine Sache also ist es, die Metaphysik des Marxismus zu akzeptieren, eine andere, den Marxismus als methodologische wissenschaftliche Analyse anzuwenden. Das wird in »Octogesima Adveniens« sehr deutlich zum Ausdruck gebracht. Aber Paul VI. erinnert auch daran, daß es gefährlich wäre, zu vergessen, welch enges Band alle diese Ebenen untereinander verknüpft. Dennoch – die Unterscheidung des Papstes setzt voraus, daß man den Marxismus nicht als ein geschlossenes System verstehen darf. Zwar geht der Marxismus davon aus, daß die Produktionsverhältnisse letztlich die Basis des ganzen gesellschaftlichen Gebäudes sind, aber das bedeutet nicht, daß der Überbau (Religion, Philosophie, Geschichte, Recht usw.) ein bloßer spiegelhafter Reflex der ökonomischen Gegebenheiten wäre. Marx hat sich gegen eine solche Interpretation immer verwahrt. Erst der spätere Marxismus hat die Geschlossenheit des Systems zum Dogma erhoben.

Die Theologie der Befreiung benutzt marxistische Einsichten im Rahmen einer wissenschaftlichen Theorie, die helfen kann, eine bessere Kenntnis der konkreten Wirklichkeit und vor allem ihrer Konflikte und Marginalisierungsmechanismen zu erreichen.

Die Angst vor dem Marxismus beruft sich immer wieder auf dessen Atheismus. Aber in welchem Sinne eigentlich war Marx Atheist? Um die Eigenart seines Atheismus zu bestimmen, ist zwischen einem theoretischen und einem methodischen Atheismus zu unterscheiden.

Der *theoretische* oder *metaphysische* Atheismus behauptet, daß es kein Wesen oder Ding gibt, welches man als »Gott« bezeichnen könne. Es handelt sich also um eine Weltanschauung, die dem Theismus polar entgegengesetzt ist. Der offizielle Sowjet-

marxismus ist ein Beispiel solcher antitheistischer Weltanschauung.
Der *methodische* Atheismus demgegenüber ist ein wissenschaftliches Arbeitsprinzip, das formuliert, welcher Typ von Erklärungen in der Wissenschaft zugelassen ist. Die Aufgabe der Wissenschaft ist es, Hypothesen zu formulieren und zu überprüfen. Für die Überprüfung dieser Hypothesen kann der Mensch nur Wissensdaten verwenden, die kontrollierbar sind. Aber Gott ist kein kontrollierbares Wissensdatum. Weder Theismus nach Atheismus können bei der Formulierung oder Überprüfung wissenschaftlicher Hypothesen verwendet werden.

Wie immer es um den Atheismus des jungen Marx stehen mag – der reife Marx besteht auf dem methodischen Atheismus[11]. Er kritisiert sowohl den Theismus wie auch den Atheismus, weil sie im genannten Sinne nicht »wissenschaftlich« seien, und kann deswegen das Wort »Atheist« als Schimpfwort gegen *Arnold Ruge* gebrauchen. Als die »Section des athées socialistes« die Mitgliedschaft in der Internationale zu erwerben versuchte, wurden sie zurückgewiesen. Marx motivierte die Absage mit dem Argument, daß er »theologische« Sektionen nicht anerkenne. Man hatte dasselbe Argument, keine »theologische« Sektion zu akzeptieren, schon im Falle der »Young Men's Christian Association« angewendet.
Wenn der reife Marx auf Religion zu sprechen kommt, meint er stets konkrete Religionen. Es geht also nicht um eine prinzipielle Diskussion über das Wesen der Religion, sondern um ihre geschichtliche Gestalt, um Religion also als Mittel, Menschen zu versklaven oder zu befreien.
Im Zusammenhang mit dem Hinweis auf den marxistischen Atheismus wird immer wieder auch vor der Materialismusgefahr gewarnt. Aber was bedeutet Materialismus bei Marx? *Per Frostin* hat auf einen vergessenen Text im »Kapital« aufmerksam gemacht, der eine ganz andere Interpretation des Materialismus als die landläufige ermöglicht: »Selbst die Religionsgeschichte, die von dieser materiellen Basis abstrahiert, ist unkritisch. Es ist

in der Tat viel leichter, durch Analyse den irdischen Kern der religiösen Nebelbildungen zu finden, als umgekehrt, aus den jedesmaligen wirklichen Lebensverhältnissen ihre vermittelten Formen zu entwickeln. *Die letzte ist die einzig materialistische und daher wissenschaftliche Methode*. Die Mängel des abstrakt naturwissenschaftlichen Materialismus, der den geschichtlichen Prozeß ausschließt, ersieht man schon aus abstrakten und ideologischen Vorstellungen seiner Wortführer, sobald sie sich über ihre Spezialität hinauswagen.«[12]

Was meint Marx mit »die einzig materialistisch und daher wissenschaftliche Methode«? Für Marx ist Materialismus ein Synonym zu wissenschaftlich, wie aus dem Ausdruck »materialistisch und daher wissenschaftlich« aus dem o. g. Text hervorgeht. Materialismus bedeutet hier also nicht den Gegensatz zu Idealismus, so daß Idealismus den ontologischen Primat der Idee und Materialismus den ontologischen Primat der Materie betonen. »Materialismus«, so Frostins Marx-Interpretation, »bezeichnet also hier nicht die Annahme, daß nur das Materielle sei – z. B. von der Definition der Materie in der klassischen Physik her –, sondern die Annahme, daß das Materielle und das Geistige untrennbar miteinander verbunden sind, so daß das Geistige nicht wissenschaftlich behandelt werden kann, wenn es von seiner materiellen Basis isoliert wird. Der Primat der Materie ist mit anderen Worten von methodischer und nicht von ontologischer Art.«[13]

Auch der Professor für katholische Soziallehre in Regensburg, *Franz Klüber,* vertritt in seinem Buch »Der Umbruch des Denkens in der katholischen Soziallehre« diese Meinung: »Der historische Materialismus [. . .] ist kein metaphysischer Materialismus – den hat Marx gegen Feuerbach ausdrücklich bekämpft – keine materialistische Lehre vom Menschen, sondern er behauptet nur, daß der gesellschaftlich produzierende Mensch Materie der Geschichte ist, nicht eine übergreifende Vernunft.«[14]

Es sollte deutlich geworden sein, daß damit ein ganz anderes Bild von Atheismus und Materialismus bei Marx entsteht als gewöhnlich unterstellt wird. Aber auch wenn diese Interpretation sich nicht bewähren würde, ändert sich nichts für die Theologie der Befreiung, weil sie den metaphysischen Atheismus und Materialismus stets abgelehnt hat. Ganz in diesem Sinne sagte Bischof *Franz Kamphaus* (Limburg) in einem Interview, in dem er zum Schluß Helder Camara zitiert: »Die genannten Befreiungstheologen haben in mir keinen Marxismusverdacht genährt. Sie bringen vielmehr eine Alternative zum Marxismus, sie unterlaufen ihn. Nicht sie, sondern die Reichen treiben die Armen dem Marxismus in die Arme, wenn sie ihre Entwicklung verhindern. Die Befreiungstheologen weisen darauf hin, daß es nicht genügt, etwas für die Armen zu tun, daß es vielmehr darauf ankommt, mit ihnen zu leben und zu arbeiten. Das ist ein Stellungswechsel. Wer freigebig an die Armen Brot austeilt, gilt als Heiliger. Wer sagt, daß die Armen ein Recht auf Brot haben, gilt als gefährlich. Dieser Gefahr kann niemand entgehen, der sich der Gerechtigkeit verpflichtet weiß.«[15]

Theologie der Befreiung und Klassenkampf

Auch wenn vom »Klassenkampf« die Rede ist, denkt man sofort an *Karl Marx*. Dabei wird vergessen, daß Marx in einem Brief an *Weydemeyer* die Vaterschaft an diesem Begriff zurückgewiesen hat[16]. Schon lange vor ihm haben bürgerliche Historiker die Tatsache des Klassenkampfes entdeckt. Bürgerliche Ökonomisten haben seine ökonomische Basis beschrieben. Was Marx als seinen Beitrag zum Thema beansprucht, ist die enge Beziehung zwischen Klassenkampf und ökonomischen Faktoren. In diesem Zusammenhang darf darauf hingewiesen werden, wie wenig Platz dieses Thema in seinem wichtigsten Werk »Das Kapital« findet.

Der Wahrheit halber muß aber auch gesagt werden, daß der Begriff Klassenkampf zumindest im vulgären historischen Materialismus ein Gesetz der ganzen Geschichte meint. »Geschichte« wäre demnach letztlich und wesentlich als der Kampf der Klassen zu begreifen. Aber dieses Verständnis des Klassenkampfes wird von keinem Befreiungstheologen vertreten. Deshalb die Frage: Wie steht die Theologie der Befreiung zum Klassenkampf?

(1) Klassenkampf ist eine Tatsache: Für die Theologie der Befreiung ist der Klassenkampf in der Geschichte der industrialisierten Welt eine Tatsache, die durch die Sozialwissenschaften untersucht und dargestellt werden muß. Angesichts dieses Faktums fordert sie Gerechtigkeit für die unterdrückten Klassen und Völker. Sie verlangt eine Veränderung der Situation, aber keineswegs durch revolutionäre Gewalt, sondern durch allgemeine Bewußtseinsänderung der Unterdrückten und auch der Unterdrücker. Für die Theologie der Befreiung ist die Frage nicht, ob es in der Gesellschaft Klassenkampf gibt, sondern für sie lautet die richtige Frage: Wie kann ein Christ seinen Glauben in einer solchen konfliktiven Situation leben? Für sie ist die pastorale Seite des Problems wichtig: Die Situation erkennen, um sie zu ändern. *Leonardo Boff* hat in einem Interview einmal sehr drastisch gesagt: »Uns interessiert der Marxismus überhaupt nicht. Uns geht es um eine kritische Sicht der Gesellschaft. Die wollen wir dem Volk beibringen, damit es die Mechanismen erkennt, die an seiner miserablen Lage schuld sind. Und ich meine, ob das wissenschaftlich ist oder nicht, ob das vom Marx kommt oder sonst woher, ist für uns im Grunde unwichtig. Das Wichtigste ist, daß der Prozeß durchsichtig wird, daß man weiß, wenn man sich so verhält, läßt man sich ausbeuten. Wenn man sich anders verhält, setzt man sich der Gewalt aus.«[17]

(2) Die Theologie der Befreiung im Erbe der katholischen Soziallehre: Der Titel ist nicht übertrieben, denn auch und schon in der katholischen Soziallehre gibt es einen Begriff von Klasse und Klassenkampf, der mit dem, der in der Theologie der Befreiung gebraucht wird, übereinstimmt: Klassenkampf ist kein Postulat, sondern eine Tatsache. Derselbe Gedanke findet sich in den Dokumenten des kirchlichen Lehramtes. So ist in Quadragesimo Anno zu lesen: »Bis zur Stunde dauert ja der unnatürliche gewaltsame Zustand der Gesellschaft fort und er mangelt infolge-

dessen der Dauerhaftigkeit und Festigkeit; ist doch die heutige Gesellschaft geradezu aufgebaut auf der Gegensätzlichkeit der Interessenlagen der Klassen und damit auf dem Gegensatz der Klassen selbst, der allzuleicht im feindseligen Streit ausartet.« (QA 82) »Nichtsdestoweniger läßt bei der heutigen Sachlage Nachfrage und Angebot der Arbeitskraft die Menschen auf dem Arbeitsmarkt zwei Klassen, sozusagen zwei Kampffronten bilden; die Auseinandersetzung dieser Arbeitsmarktparteien aber macht den Arbeitsmarkt zum Kampffelde, auf dem die beiden Parteien in heißen Streiten miteinander ringen.« (QA 83) *Pius XI.* selbst also gebraucht in diesem Rundschreiben die Begriffe Klasse und Klassenkampf. Mit Hilfe des marxistischen Instrumentariums charakterisiert er die soziale und ökonomische Situation der kapitalistischen Gesellschaft. Ja, Pius XI. anerkennt die Berechtigung des Klassenkampfes, wenn er nicht auf die Vernichtung des Gegners, sondern auf Errichtung einer gerechteren Gesellschaft zielt. In seinem Rundschreiben fordert der Papst, daß der faktische Kampf zwischen den Klassen ersetzt werden solle durch eine »ehrliche, vom Gerechtigkeitswillen getragene Auseinandersetzung«.

Hinter dem Begriff Klassenkampf steht die Möglichkeit des Einsatzes von Gewalt, und nicht zuletzt deshalb wird die Rede von Klassenkampf noch verdächtiger. Aber auch hier steht die Theologie der Befreiung auf dem Boden der Soziallehre der Kirche.

Zu einer Äußerung des Kölner Kardinals *Höffner*, die die Theologie der Befreiung der Propaganda für den Klassenkampf bezichtigte, nahmen zwei in Brasilien tätige Missionare wie folgt Stellung: »Daß der Präsident der Bundesvereinigung der deutschen Arbeitgeber, im Interesse des deutschen Auslandskapitals, Kritik an der Theologie der Befreiung übt, das könnte man noch verstehen. Daß der Präsident der deutschen Bischofskonferenz der Theologie der Befreiung Umsturzabsichten, revolutionäre Gewalt und Förderung von Kriegsgeist vorwirft, das ist für uns unbegreiflich. Diese Art von Verleumdung ist uns in Brasilien nur aus Hetzkampagnen des Militärs und der Großgrundbesitzer bekannt. Wir glauben, es wird der lateinamerikanischen Kirche wirklich nicht gedient, wenn das deutsche Auslandskapital abgesegnet und die Theologie der Befreiung verdammt wird. Als langjährige Missionare möchten wir versichern, daß es in Brasilien keine Theologie der Befreiung gibt, die Umsturz, revolutionäre Gewalt oder den Kriegsgeist fördert. Mit diesen Anschuldigungen wird auf verhängnisvolle Weise allen Missionaren in den Rücken gefallen, die sich mit der Kirche Lateinamerikas, mit Ihrer Option für die Armen, für die Gerechtigkeit und für den Frieden einsetzen.«[18]

3 Die Sünde und die Strukturen

Die Theologie der Befreiung spricht konkret von Sünde und Sündern[19]. Um die von Jesus angesagte Befreiung der Armen wirksam werden zu lassen, scheut sie sich nicht, die Systeme der vergötzten Herrschaft von Menschen über Menschen als widergöttlich zu entlarven. Deshalb spricht sie von »sündhaften Strukturen« oder von »sozialen Sünden«. Die Unterdrückung von Millionen von Menschen, wie sie heute in Lateinamerika erlebt wird, ist nicht das Ergebnis voneinander unabhängiger Einzeltaten, sondern die Auswirkung wirtschaftlicher und politischer Faktoren in bestimmten Gesellschaftssystemen. Zwar wurden diese Strukturen von Menschen geschaffen, aber wo sie einmal wirksam sind, bedürfen sie nicht mehr der Zustimmung der Menschen, um sich zu erhalten. Natürlich sind die Strukturen nicht sündhaft im Sinne einer willentlichen Abwendung von Gott. Die Strukturen sind ja keine Personen. Aber sie sind die objektivierte Form, innerhalb derer das bewußte und beabsichtigte menschliche Handeln stattfindet. Die Strukturen erlegen jedem menschlichen Handeln Grenzen auf. So ziehen sie immer Folgen nach sich, die nicht allein durch die Absicht des Handelnden erklärt werden können. Zwischen der Absicht des Handelnden und den Folgen, die aufgrund der Strukturen entstehen, klafft ein Abgrund. So ist es möglich, daß die Auswirkungen des

Handelns innerhalb bestimmter Strukturen so zerstörerisch sind, daß sie die guten Absichten des Handelnden aufheben oder sie sogar ins Gegenteil verkehren.
Für die konkrete Praxis bedeutet das: Um die ursprünglichen Absichten zu verwirklichen, muß man auch die nichtbeabsichtigten Folgen mit in Betracht ziehen, und zwar gerade deshalb, weil sie nicht durch eine Änderung der Absichten beeinflußt werden können. Vielmehr bedarf es einer direkten Veränderung der Strukturen, innerhalb derer diese nicht beabsichtigten Folgen auftreten. Diese Strukturen als solche sind weder gut noch böse. Böse oder gut sind sie nur im Hinblick auf die nicht beabsichtigten Folgen des Handelns.
Als ein Prüfstein zur Beurteilung sozialer Strukturen gilt der Theologie der Befreiung die Frage: Ermöglichen sie das Leben für alle Menschen? Oder schließen sie es für einen Teil der Menschen aus? Das Beispiel der Menschenrechte mag das gesagte verdeutlichen. Besitzer dieser Rechte sind nicht die Strukturen, sondern Personen. Aber diese Rechte können nur im Rahmen der Gesellschaft wirksam sein. Wenn eine Gesellschaft so organisiert oder strukturiert ist, daß sie nicht in der Lage ist, die Ansprüche aller Mitglieder auf gleiche Rechte zu erfüllen, sagen wir, daß hier eine »ungerechte Struktur« herrscht. Daraus folgt das Recht der Mitglieder auf eine Veränderung dieser Strukturen, damit die Wahrnehmung dieser Rechte für alle Mitglieder möglich wird. Diese »individuellen Rechte« sind als soziale Rechte zu bezeichnen, weil sie die Forderung nach einer Veränderung der Strukturen (der Gesellschaft) beinhalten, damit das »individuelle Recht« Wirklichkeit werden kann. Die Rechte des einzelnen enthalten einen Anspruch gegenüber denjenigen, die eine Veränderung der Strukturen zulassen können und sollen. Diesem Anspruch entspricht eine ethische Verpflichtung. Wenn diese ethische Verpflichtung abgelehnt wird, muß man von einem Zustand der »sozialen Sünde« sprechen.
Es scheint, daß die »Instruktion der Glaubenskongregation über einige Aspekte der Theologie der Befreiung« zu sehr die Sünde und deren Folgen auseinanderreißt. In ihrem Kap. IV etwa wird

behauptet: Die erste Befreiung, Bezugspunkt aller anderen Befreiungen, ist die von der Sünde. Die »anderen Befreiungen« werden als Konsequenz der ursprünglichen Befreiung angesehen. Hier zeigt sich eine Trennung zwischen Glauben und Handeln. Nach der Instruktion ist die Befreiung von der Sünde von den anderen Befreiungen (ökonomisch, politisch, sozial), ist die Orthodoxie von der Orthopraxie unabhängig.
Zwar läßt sich nicht bestreiten, daß es auch für die Instruktion eine Verbindung zwischen Sünde und deren Konsequenzen gibt. Aber diese Verbindung ist als zweitrangig anzusehen. Ein Beispiel: Ob man in Südafrika die Apartheid abschafft oder sie bestehen läßt, müßte nach der Instruktion die Frage nach der Sünde noch nicht berühren. Alle Beteiligten, die, die gegen die Apartheid sind, und die, die Apartheid verteidigen, können denselben Glauben und dieselbe Versöhnung bekennen. Der einzige Unterschied bestünde nur darin, daß sie den Glauben unterschiedlich anwenden. Handeln ist nur ein Anwendungsgebiet des Glaubens. Für die Theologie der Befreiung jedoch ist die Apartheid eine Manifestation der Sünde.
Die Zwiespältigkeit wird deutlicher, wenn wir die Frage der persönlichen Vervollkommnung in Betracht ziehen. Die Instruktion macht den Eindruck, daß sie das Bemühen um persönliche Vervollkommnung von der Frage der Veränderung der sozialen Strukturen trennt. So kann sie der Theologie der Befreiung vorwerfen, sie erkläre die Strukturen für das Wesentliche: »Wenn man im Namen einer radikalen Revolution der sozialen Beziehungen, die der erste Imperativ wäre, das Streben nach persönlicher Vollkommenheit kritisiert, so läuft man Gefahr, den Sinn für die Person und ihre Transzendenz zu verlieren und die Ethik und ihr Fundament, nämlich den absoluten Charakter der Unterscheidung von Gut und Böse zu zerstören [. . .] Man darf auch nicht das Böse vorrangig und allein in den ökonomischen, sozialen und politischen Strukturen orten, als hätten alle anderen Übel ihre Ursache und Quelle in diesen Strukturen, so daß die Schaffung eines neuen Menschen von der Errichtung anderer ökonomischer und soziopolitischer Strukturen abhinge«. (IThB,

IV, 15). Wie die Instruktion die Sünde gegenüber ihren sozialen Auswirkungen isoliert, so isoliert sie auch das Bemühen um persönliche Vervollkommnung von der Notwendigkeit der Strukturveränderung.
Die Instruktion spricht von einer »Verkehrung von Moralität und Strukturen« und die Quelle dieser Verkehrung »stammt aus einer materialistischen Anthropologie, die mit der Wahrheit über den Menschen unvereinbar ist«. Auch in diesem Passus wird der Theologie der Befreiung ein Begriff von sozialer Sünde und Strukturveränderung unterstellt, den sie nicht hat. Es wurde schon gesagt, daß die Theologie der Befreiung die traditionelle Lehre über die Sünde keineswegs ablehnt, im Gegenteil, sie greift diese Lehre immer wieder auf. So ist es sinnvoll zu fragen, woher die Verständigungsschwierigkeiten stammen.

Auch wenn die Theologie der Befreiung den traditionellen Begriff von Sünde nicht ablehnt, findet sie ihn angesichts der konkreten Situation der Glaubenserfahrung vieler leidender Menschen zu abstrakt. Hier wie anderswo versucht sie darum, auf eine »Materialisierung« der kirchlichen Glaubensaussagen hin zu denken. Statt des abstrakten Begriffes Sünde ist die konkrete gesellschaftliche strukturelle Situation der Armen der Leitfaden ihrer Theologie. Die Grunderfahrung der Armen wird zunächst einmal als eine Leidensgeschichte aufgrund totaler Abhängigkeit beschrieben.
In einem zweiten Schritt versucht die Theologie der Befreiung diese Erfahrung des Leidens mit der traditionellen Lehre von Gnade und Sünde zu konfrontieren. Und hier zeigt sich die Erfahrung von totaler Abhängigkeit als ein Widerspruch zur Gnade, das heißt als eine Sünde. In der Erniedrigung der Armen nämlich wird Gott in seiner Gerechtigkeit, die er in Jesus Christus der ganzen Geschichte gewährt selbst zutiefst beleidigt. Mit Sünde ist heute primär diese strukturelle Situation, die die Erniedrigung der Armen ermöglicht, gemeint. Wenn aber die traditionelle Lehre von der Sünde nicht abgelehnt wird, wie ist dann das Verhältnis dieser beiden Dimensionen von Sünde zu

denken? In der Antwort auf diese Frage liegt der eigentliche Unterschied zwischen der Theologie der Befreiung und dem Sündenverständnis der Instruktion. Die Instruktion geht von einem streng personalistischen Ansatz aus. Das Verhältnis zwischen Person und Struktur wird nach dem Modell von Ursache und Folge gesehen, das heißt die Person ist die Ursache des Handelns, die gesellschaftlichen Strukturen sind seine Folgen. Die eigentliche Sünde besteht darum in dem persönlichen und freien Nein gegen Gott. Dieses Nein ist die Wurzel der bösen Strukturen. Nun ist es aber nicht nur eine Sache der Theologie der Befreiung, sondern der modernen theologischen Anthropologie ganz allgemein, daß sie von einem wechselseitigen Beziehungsverhältnis zwischen Person und Gesellschaft ausgehen. Der einzelne bestimmt als Subjekt des Handelns die Strukturen der Gesellschaft, und die Gesellschaft ihrerseits bestimmt, ohne es völlig zu determinieren, dieses Handeln der einzelnen Subjekte. Für die Theologie der Befreiung heißt dies: Das Verhältnis persönliche Sünde – strukturelle Veränderung ist kein logisches oder zeitliches Verhältnis des Nacheinander wie Ursache und Folge, sondern ist ein Verhältnis des gleichen ursprünglichen Miteinander. Das Subjekt der Sünde wird dann mit einem bestimmten gesellschaftlichen System und dessen Funktionsbedingungen symbolisch identifiziert.

Allerdings entsteht hier für die Theologie der Befreiung ein Problem: Wie kann man das Maß der Verantwortung der einzelnen an dieser »strukturellen Sünde« differenziert deuten? Die traditionelle Theologie, auch die Instruktion, appelliert an die persönliche Verantwortung und übersieht die strukturelle Seite. Die Theologie der Befreiung appelliert an die Strukturen und gerät dabei in die Schwierigkeit, den einzelnen Sünder, der nach Position und Einflußmöglichkeit Subjekt der strukturellen Sünde ist, zu vergessen. Auch wenn dieses Problem noch auf eine überzeugende Lösung wartet, im Sündenbegriff der Instruktion wird sie nicht zu finden sein.

4 Die Theologie der Befreiung und die katholische Soziallehre

In der Instruktion der Kongregation für die Glaubenslehre »Über einige Aspekte der Theologie der Befreiung« wird das Verhältnis von katholischer Soziallehre und Theologie der Befreiung differenziert eingeführt. »Eine der Voraussetzungen für die notwendige theologische Erneuerung ist es, die kirchliche Soziallehre wieder zu betonen. Diese Lehre ist ganz und gar nicht abgeschlossen. Im Gegenteil, sie ist offen für alle neuen Fragen, die im Laufe der Zeit auftauchen. In dieser Hinsicht ist der Beitrag der Theologen und Denker der Dritten Welt zur Reflexion der Kirche heute unerläßlich«. (IThB, XI, 12).

Zwei Punkte also sind hier betont: Erstens die kirchliche Soziallehre als eine Voraussetzung für die notwendige theologische Erneuerung; zweitens, der unerläßliche Beitrag der Theologen und Denker der Dritten Welt zur kirchlichen Reflexion. In den Darstellungen führender Vertreter der katholischen Soziallehre in der Bundesrepublik dagegen wird die Theologie der Befreiung zumeist allererst als eine Bedrohung für die Kirche empfunden[20].

Deshalb ist noch einmal genauer auf die Frage einzugehen, wie sich katholische Soziallehre und Theologie der Befreiung zueinander verhalten. Tatsache ist, daß die Theologie der Befreiung eine grundsätzliche positive Beziehung zur katholischen Soziallehre unterhält. Daß sie auch Kritik an der katholischen Soziallehre äußert, bedeutet nicht schon völlige Ablehnung[21]. Die Theologie der Befreiung will nicht als eine Alternative der kirchlichen Soziallehre oder als eine konkurrierende Konzeption verstanden werden. Beide liegen, wie wir sehen werden, auf verschiedenen Ebenen und haben nicht die gleichen Kompetenzen.

Die Gemeinsamkeiten zwischen der Theologie der Befreiung und der katholischen Soziallehre

Die Entstehungsgeschichten der katholischen Soziallehre und der Theologie der Befreiung zeigen ein gemeinsames Merkmal: Die Soziallehre hatte versucht, eine Antwort auf die »soziale Frage« zu geben. Es war die Antwort der Kirche auf die durch die industrielle Revolution verursachten Strukturveränderungen. Auch die Theologie der Befreiung ist Antwort auf eine neue Revolution bzw. Problematik: die Armut und Unterdrückung in der Dritten Welt.

Auch in der Entstehung der Publikationen über Theologie der Befreiung und katholische Soziallehre zeigen sich Ähnlichkeiten. Die Theologie der Befreiung entsteht als eine umfassende Dialektik von Theorie (des Glaubens) und Praxis. Die Befreiungstheologen unterhalten Verbindung insbesondere zu Basisgemeinschaften, und aus diesem pastoralen Umfeld hat sich diese Theologie entwickelt. Die katholische Soziallehre kennt ebenfalls eine Verbindung zwischen der Reflexion der pastoralen Situation und der Praxis. In Lateinamerika entwickelt sich die Theologie der Befreiung als eine Reflexion über die Praxis der Befreiung. In Europa, besonders in Deutschland, entwickelte sich die Soziallehre als eine Reflexion der katholischen sozialen Bewegungen als Antwort auf das wachsende Elend der Industriegesellschaft im 19. Jahrhundert. Von Anfang an ist für die Theologie der Befreiung der Marxismusverdacht in kirchlichen oder politischen Kreisen der häufigste Vorwurf, weil sie den Kapitalismus ablehnt oder von einem christlichen, menschlichen oder lateinamerikanischen Sozialismus spricht. Doch auch gegen die Soziallehre der Kirche richteten sich ähnliche Vorwürfe. Es gab nicht nur die sprichwörtlichen »roten Kapläne«, sondern selbst von Bischof *Ketteler* hieß es: »Im Referat, das der Mainzer Bischof 1869 der Deutschen Bischofskonferenz erstattete, legte er das erste sozialpolitische Programm, das heißt eine ausgedehnte Zusammenstellung der zu ergreifenden Maßnahmen vor. Der Einfluß marxistischer Theorien ist darin unverkennbar [. . .]

Jostock berichtet: Im Jahre 1866 schlagen uns in Deutschland auffallend radikale Töne entgegen [...] In ähnlicher Richtung dachten die »Christlich-sozialen Blätter«. Sie sprechen wiederholt und mit vollem Bewußtsein vom »christlichen Sozialismus«[22].

Und nur nebenbei: Erinnern die Vorwürfe der lateinamerikanischen Ideologen der Nationalen Sicherheit an die Adresse der Befreiungstheologen nicht deutlich an die auf die Katholiken der Kulturkampfzeit gemünzte polemische Rede von den »vaterlandslosen Gesellen«?

Die Unterschiede

Theologie der Befreiung ist eine Reflexion über die Praxis im Lichte des Glaubens. In dieser Definition von *Gutiérrez* kommt ein erster Unterschied zur katholischen Soziallehre bereits zum Ausdruck. Über diese ist im Lexikon für Theologie und Kirche nachzulesen: »Allerdings sind die Inhalte der katholischen Soziallehre weit überwiegend und zu einem wesentlichen Teil dem Naturrecht entnommen, so daß das System der katholischen Soziallehre allein sozialphilosophisch und ohne Bezug zur Offenbarung begründbar ist«[23].

Die Theologie der Befreiung ist von dem hier zum Ausdruck kommenden Denken weit entfernt. Das Naturrecht als Instrument für die Reflexion bedeutet den Rückgriff auf ein statisches Ordnungsdenken, das den einzelnen Menschen und die Dynamik der geschichtlichen Entwicklung nicht genügend berücksichtigt. Zudem und wichtiger noch, die Offenbarung kommt hier kaum zur Sprache. *Ratzinger* nennt den Begriff »reine Natur« das »Ergebnis eines theologischen Abstraktionsprozesse«[24] und weist darauf hin, daß es in der katholischen Soziallehre »wohl auch so etwas wie ideologische Elemente gebe, das heißt Gedankengänge, die nur scheinbar naturrechtlich oder theologisch sind, in Wirklichkeit aus einer als natürlich empfundenen geschichtlichen Sozialstruktur kommen, die so unter der Hand als normativ erklärt wird«. Deshalb mahnt er »daß christliche Soziallehre weder rein von Tatsachen her noch rein vom Evangelium oder auch von der Glaubensüberlieferung her entwickelt werden kann, sondern als solche in einer Relation gründet: in der Hinordnung des Evangeliums auf die jeweiligen Sozialtatsachen. Soziallehre wird sie nur dadurch, daß sie von den Tatsachen her gedacht ist, christlich wird sie, indem sie den Maßstab des Evangeliums auf diese Tatsachen bezieht«[25].

Die Konsequenzen der von der katholischen Soziallehre traditionell angewendeten Methode lautet deshalb nach Ratzinger: »Sie hat sich diesem Faktum der Geschichtlichkeit weitgehend entzogen und in abstrakten Formeln eine überzeitliche Sozialdogmatik zu formulieren versucht, die es nicht geben kann. Nicht daß die besonderen Begebenheiten des Jahrhunderts mit einflossen, war ein Fehler, sondern daß beide – der Wertungsmaßstab des Evangeliums und die gegebenen Sozialtatsachen – unter das Pseudonym des Naturrechts zusammengezogen wurden und dadurch eine Vermehrung von an sich berechtigten Elementen entstand, die es kaum noch gestattete, den einzelnen Komplexen den ihnen zukommenden Platz zu belassen«[26].

Ganz im Sinne dieser Ausführungen Ratzingers betont die Theologie der Befreiung ihrerseits immer wieder, daß man die Gesellschaft kennen muß, um sie zu verändern. Hier spielt, was die Befreiungstheologie die theoretische Vermittlung nennt, eine grundsätzliche Rolle. Um eine Gesellschaft besser zu verstehen, hat man sich der Sozialwissenschaften zu bedienen. Da die katholische Soziallehre dies lange versäumt hat, geriet sie in die von Ratzinger beschriebene Gefahr, »in abstrakten Formeln eine überzeitliche Sozialdogmatik zu formulieren«. Sicher hat die katholische Soziallehre nach dem Konzil begonnen, dieses Defizit einzugestehen und aufzuarbeiten. Aber es ist bis heute noch keineswegs klar, wie sie den genannten Einwänden gerecht wird.

Ein zweiter Unterschied ist zu beachten. Die Theologie der Befreiung hat ein historisches Projekt. Sie will eine neue Gesellschaft aufbauen, die innerhalb der gegebenen Verhältnisse eine

Alternative zum Kapitalismus und »real-existierenden Sozialismus« sein will. Das Handeln der Basisgemeinden steht im Dienste dieses Projektes. Die katholische Soziallehre dagegen will keine Gesellschaftsmodelle vorschlagen, sondern lediglich eine christliche Sicht des Menschen und der Gesellschaft anbieten. Sie verharrt beim Ideal einer »gerechteren und christlicheren Gesellschaft, einer brüderlichen Gesellschaft, einer Zivilisation der Liebe«.

Ein dritter Unterschied liegt in der Betonung der praktischen Vermittlung, dem Zusammenschluß und der Organisation der Armen. Die Ausgebeuteten sollen sich organisieren für die Lösung der Probleme, die Umwandlung der Gesellschaft. Die katholische Soziallehre richtet demgegenüber ihren Anruf an alle Menschen und alle Klassen, ohne Unterschied. Zwar sind so auch die Armen angesprochen, diejenigen aber, die die Veränderung bewirken, sind die, die politische Macht besitzen. Es handelt sich hier um eine Berufsethik, die lehrt, wie man ein guter Kapitalist oder ein guter Arbeiter sein kann, ohne persönliche Sünde in einer Welt des Unrechts.

Die Theologie der Befreiung hat die Distanz zwischen Lehre und Praxis, die die katholische Soziallehre offen gelassen hat, mit konkreten Inhalten gefüllt. Sie versucht, die großen Orientierungen der katholischen Soziallehre für das gesellschaftliche Handeln in ihre Synthese einzubringen und auf kreative Weise für die konkreten Probleme der Dritten Welt zu entfalten. Diese von der Theologie der Befreiung geleistete Arbeit entspricht den Forderungen des Lehramtes der Kirche.

Die Worte des Lehramtes finden in der Theologie der Befreiung und den Basisgemeinden nicht nur verbale Zustimmung, sondern hier wird versucht, diese Worte in die Tat umzusetzen. Mit den Worten von *Clodovis* und *Leonardo Boff* »Die Schlußfolgerung aus all dem kann nur lauten: Es gibt keine grundsätzliche Unverträglichkeit zwischen der Soziallehre der Kirche und der Theologie der Befreiung. Beide ergänzen einander zum Wohl des Gottesvolkes«[27]. Diese Ergänzung kommt darin zum Ausdruck, daß die Theologie der Befreiung, wo immer sie sich für die

Veränderung der Gesellschaft engagiert, sich auf die Dokumente der katholischen Soziallehre beruft. Dabei betrachtet sie diese Dokumente als eine allgemeine Vermittlung, die noch zu offen ist, und also mit konkreten Inhalten gefüllt werden muß[28].

4 Die Instruktion der Kongregation für die Glaubenslehre »über einige Aspekte der Theologie der Befreiung«

Am 6. August 1984 veröffentlichte die Kongregation für die Glaubenslehre eine folgenschwere Instruktion. Im Vorwort wird das Ziel des Dokumentes deutlich: »Die vorliegende Instruktion hat ein sehr präzises und begrenztes Ziel: Sie will die Aufmerksamkeit der Hirten, Theologen und aller Gläubigen auf die Abweichungen und die Gefahren lenken, die den Glauben und das christliche Leben zerstören, wie sie gewisse Formen der Theologie der Befreiung enthalten, die in ungenügend kritischer Weise ihre Zuflucht zu Konzepten nehmen, die von verschiedenen Strömungen des marxistischen Denkens gespeist sind«. Bevor wir uns mit der Instruktion selbst befassen, sei der Blick auf ihre Vorgeschichte gelenkt, auf die Hintergründe, Diskussionen und Konflikte, die zu dieser schon einige Male erwähnten Instruktion geführt haben.

Kardinal Ratzinger und die Theologie der Befreiung

Schon als Erzbischof von München hatte Kardinal Ratzinger in einer Predigt zu Ostern 1979 gegen die Theologie der Befreiung Stellung bezogen. Damals sagte er: »Und endlich ist die Auferstehung Jesu Christi das Bekenntnis zum Vorrang der Liebe und des Lebens gegenüber den Strategien des Klassenkampfes und einer Bewußtseinsbildung, die auf die Weckung des Neides abzielt, was beides Strategien des Todes sind. In einem Katechismus der Befreiungstheologie habe ich eine theatralische Darstellung von Tod und Auferstehung Jesu gelesen, die zum Mit- und Nachspielen einlädt und so aussieht: Da ist zuerst der Leichnam Jesu mit einem schwarzen Tuch bedeckt. Man ist um ihn versammelt, trauert und klagt. Aber dann wird das schwarze Tuch weggerissen und durch ein rotes ersetzt, und man beginnt zu tanzen und zu sagen: Der Tod ist nicht das Ende, wir werden Rache nehmen und wir werden siegen. Dies ist nicht die Auferstehung Jesu Christi, sie ist nicht ein Kulissenwechsel. Und die Auferstehung ist nicht der Feuerstein, aus dem man das Feuer des Hasses schlagen kann. Jesus Christus ist nicht wegen irgend jemanden gestorben, sondern für alle. Und sein Blut fordert nicht Rache, sondern Versöhnung und Liebe. Seine Auferstehung ist die persongewordene Wahrheit des Satzes: Die Liebe ist stärker als der Tod«[29]. Die Predigt bezieht sich vorgeblich auf einen »Katechismus der Befreiungstheologie«, in Wirklichkeit handelte es sich um einen Sonderdruck in Publik-Forum vom 6. 4. 1979. Erst später wurde ein Teil des Katechismus aus Bambamarca (Diözese Cajamarca-Parú) ins Deutsche übersetzt und erst im Jahre 1983 schließlich ist der ganze Katechismus »Vamos Caminando« (Machen wir uns auf den Weg) im Verlag Exodus-Liberación erschienen. Zur Predigt von Kardinal Ratzinger ist darum folgendes anzumerken:

(1) Der genannte Katechismus wird nirgendwo als ein Katechismus der Befreiungstheologie dargestellt, sondern als ein Katechismus, den das Pastoralteam der Pfarrei Bambamarca auf Wunsch der Katecheten und Gläubigen erarbeitet und mit der Genehmigung und dem Segen des Bischofs von Cajamarca, Mons. *José Dammert Bellido,* veröffenticht hat.

(2) Es handelt sich dabei also nicht um einen Katechismus in traditioneller Form, sondern um eine Arbeitshilfe, die für die Reflexion der Gruppen mit den Katecheten gebraucht wird.

(3) Der Kardinal hebt hervor, »von einer theatralischen Darstellung von Tod und Auferstehung Jesu gelesen zu haben, die zum Mit- und Nachspielen einlädt«. Vergessen oder nicht verstanden ist dabei, daß dieser Katechismus nach einer in Europa weitge-

hend unbekannten Methode vorgeht. Deshalb wird zuerst das Ende der Trauerzeit für den verstorbenen Jesús Flores samt der Tuchsymbolik dargestellt. Aus dieser konkreten Situation soll dann die Gruppe den wichtigsten Schritt tun.
Um dem Geheimnis von Tod und Auferstehung Jesu näher zu kommen, werden folgende Fragen miteinander besprochen:
»Warum feiert man das Fest am Ende der Trauerzeit?
Was verstehen wir unter der Auferstehung Jesu?
Ist Auferstehung nur etwas für das zukünftige Leben, oder gibt es Auferstehung bereits in diesem Leben?«[30]
Als Arbeitsmaterial dienen die Texte von Mk 16,2–7; Ijob 19,25–29 und das Lied ›Der Herr ist auferstanden, unsere Hoffnung, unsere Liebe. Er hat den Schmerz überwunden, er ist Sieger! Ein schöner Morgen, eine große Tat; der Herr ist auferstanden, unsere Hoffnung, unsere Liebe«.
(4) Kardinal Ratzinger spricht in seiner Predigt von der »Wekkung des Neides«. Aber im Originaltext ist genau das Gegenteil zu lesen: »Um uns zu befreien, müssen wir unsere Selbstsucht ganz töten, sonst wird es immer wieder Ausbeutung geben«.
(5) Der Prediger läßt den Katechismus sagen: »Wir werden Rache nehmen und wir werden siegen«. Dieses angebliche Zitat ist weder wörtlich noch dem Sinne nach irgendwo im Text des Katechismus zu finden.
(6) Weiter heißt es in seiner Predigt: »Und die Auferstehung ist nicht der Feuerstein, aus dem man Feuer des Hasses schlagen kann«. Der Begriff Haß kommt im Originaltext vor, aber in einem ganz anderen Zusammenhang: »Jede gute Sache im Leben, jeder Sieg der Liebe über den Haß, der Gerechtigkeit, der Gleichheit und Brüderlichkeit über die Ausbeutung, der Einheit, über die Zwietracht gibt Zeugnis für die Auferstehung Jesu in unserem Leben«[31].
Ratzingers Äußerungen sind voller Unterstellungen. Sicher handelt es sich hier um keine wissenschaftliche Arbeit oder ein Dokument der Glaubenskongregation, sondern um eine Osterpredigt. Aber hat eine Osterpredigt so wenig Bedeutung, daß

es möglich wird, Glaubensüberzeugungen anderer so verfälscht darzustellen?

Im März 1983 schickte Kardinal Ratzinger als Präfekt der Glaubenskongregation der peruanischen Bischofskonferenz zehn »Anmerkungen« zur Befreiungstheologie von *G. Gutiérrez*. Viermal trafen sich die Bischöfe daraufhin, ohne aber zu einer Entscheidung zu kommen.

Am 23. Januar 1984 veröffentlichte die peruanische Zeitschrift »Oiga« einen Artikel zur Theologie der Befreiung. Der Text war anonym, aber es wurde allgemein angenommen, daß der Verfasser Kardinal *Ratzinger* sei. Am 3. 3. 1984 präsentierte die italienische Zeitschrift »30 giorni« denselben Text als bisher noch nicht veröffentlicht und nannte Kardinal Ratzinger als Autor. Undementierten Nachrichten zufolge hatte der Kardinal diesen Bericht im September 1983 bei einer informellen Zusammenkunft in Anwesenheit des Papstes vorgetragen. Im August 1984 brachte die Zeitschrift »Neue Ordnung« eine leicht veränderte Fassung dieses Exposés von Kardinal Ratzinger mit einem noch nicht bekannten Vorwort. Darin hieß es, ihm sei »die Sorge vieler lateinamerikanischer Bischöfe nahegebracht worden, daß das Ausgreifen der radikalen Positionen der profiliertesten Vertreter der Befreiungstheologie auf alle Bereiche des kirchlichen Lebens die Kirche nicht nur in ihren Grundlagen erschüttern, sondern fast lautlos in das Gegenteil ihrer selbst verwandeln könne«. »Bei der Analyse des Phänomen Befreiungstheologie wird eine fundamentale Gefährdung des Glaubens sichtbar«.

Kardinal *A. Lorscheider,* Erzbischof von Fortaleza (Brasilien) äußerte sich über den Artikel und das Exposé von Kardinal Ratzinger wie folgt: »Die Meinung von Kardinal Ratzinger [über die Befreiungstheologie] wurde bei den Verantwortlichen der lateinamerikanischen Kirche eher mit Bestürzung aufgenommen, weil man denkt, daß die Theologie der Befreiung nicht die Theologie ist, die berücksichtigt wurde«[32].

Eine globale Einschätzung der Instruktion

Es handelt sich um ein Dokument der Glaubenskongregation, deren Aufgabe es ist, Sorge für den Glauben zu tragen. Es umfaßt 11 Kapitel, die sich nach Inhalt und gemäß der internen Strukturierung in drei Teile gliedern lassen:

– Ein Blick in die lateinamerikanische Wirklichkeit. Die Sehnsucht der Welt nach Befreiung und ihre Ausdrucksformen. Die Kirche und ihre Wahrnehmung der Zeichen der Zeit.

– Eine kritische Beurteilung der dargestellten Wirklichkeit aus der Sicht der katholischen Lehre.

– Hinweise und Empfehlungen für die Praxis. Das Dokument wendet sich einerseits an die Amtsträger, Theologen und alle Gläubigen, um auf Abweichungen und Gefahren aufmerksam zu machen. Andererseits zielt es als Kritik und Anklage auf gewisse Formen der Theologie der Befreiung, die in ungenügend kritischer Weise ihre Zuflucht zu Konzepten nehmen, die von verschiedenen Strömungen des marxistischen Denkens gespeist sind.

(1) Die positiven Aspekte der Instruktion

Nach der Instruktion ist die Theologie der Befreiung eine Theologie, die wirklich um das Verständnis des Glaubens bemüht ist. Damit ist die tiefste Absicht der Theologie der Befreiung (IThB, X 2) wahrheitsgemäß erfaßt. Dies zeigt sich insbesondere in folgenden Momenten:

– Der *Stil* des Dokumentes ist klar, einfach zu lesen – wenigstens für jene, die mit dieser Theologie vertraut sind. Auch das ist für offizielle Dokumente der römischen Kurie nicht selbstverständlich.

– Die 11 Kapitel der Instruktion können, wie wir es getan haben, in drei Teile gegliedert werden, die den *drei Schritten* der Theologie der Befreiung: Sehen – Urteilen – Handeln – entsprechen.

– Die Instruktion erkennt die Notwendigkeit einer vorrangigen *Option für die Armen* an (Vorwort, XI, 5).

– Auch für die Instruktion ist die Darstellung Gottes als eines *befreienden Gottes* der Armen wichtig (IThB, IV, 6; IX, 9).
– Die Verwendung einer *(sozial-)wissenschaftlichen Methode* des Zuganges zur Wirklichkeit wird von der Instruktion positiv bewertet, auch wenn Kritik an der Art und Weise geübt wird, wie die Theologie der Befreiung diese wissenschaftliche Methode anwendet (IThB, VII).

(2) Einige negative Aspekte der Instruktion

– Die Beziehung zwischen Theologie der Befreiung und *Sozialwissenschaften* erscheint in der Instruktion problematisch, ganz so, als ob die Sozialwissenschaften ihre Emanzipation von Philosophie und Theologie noch nicht erreicht hätten. Das entspricht einer Mentalität, die schon von Gaudium et Spes überwunden wurde (IThB, VII, 10).
– Problematisch erscheint die Art und Weise, wie sich die Instruktion gegen die Anwendung *marxistischer* Kategorien wehrt. Um Wiederholungen zu vermeiden, sei auf den II. Teil (S. 51 ff.) des vorliegenden Buches verwiesen.
– Das Verständnis der *Sünde* läßt wichtige Aspekte außer Acht (IThB, IV, 2, 4, 14; III, 2). Gerade das Fehlen des sozialen Aspektes der Sünde zeigt, worauf oben ausführlich hingewiesen wurde, deutlich, daß die Strukturen fast keine Rolle spielen.
– Die Art und Weise, *wie die Instruktion zustandekam* und der Öffentlichkeit bekanntgemacht wurde, widerspricht den Aussagen des II. vatikanischen Konzils (LG 23,26), wo die Verantwortung der einzelnen Bischöfe betont und vom Prinzip Kollegialität gesprochen wird.
– Die Instruktion macht Vorwürfe in Form von *Behauptungen*, für die Belege fehlen (IThB, VI, 4, 10; VII, 6; IX, 3; X, 9, 2; XI, 8). Dabei fällt auf, daß kein Vertreter der kritisierten Ansichten genannt und/oder zitiert wird. Die inkriminierten Autoren heißen nur »man« oder »manche«. Wurden sie vielleicht absichtlich nicht genannt, damit alle verdächtig sein können? Die Instruktion bemüht sich, wahre von falscher Wissenschaftlichkeit zu unter-

scheiden. Bei der Anklageerhebung jedoch legt sie auf wissenschaftliche Seriosität merkwürdigerweise keinen Wert.
– Die so bewirkte Verdächtigung der Theologie der Befreiung im Allgemeinen hat auch *politische Konsequenzen*. Diese Art und Weise der Anklage öffnet dem Mißbrauch des Textes Tür und Tor. Wer aus politischen Interessen Bischöfe, Priester oder Laien im Umkreis der Theologie der Befreiung diskreditieren will, findet in der Instruktion willkommene Hilfe. Schon die ersten Zeitungskommentare in Lateinamerika zeigten, daß diese Vermutung nicht unbegründet ist. Ich habe in den Tagen der Erscheinung der Instruktion mit zwei anderen Priestern an einer Podiumsdiskussion in der katholischen Universität von Asunción (Paraguay) teilgenommen. Eine regierungsfreundliche Zeitung verlangte am nächsten Tag prompt unsere Ausweisung, weil wir Marxisten seien. Wohlgemerkt: Die beiden anderen Teilnehmer der Diskussion waren der Rektor des Priesterseminars und ein Theologieprofessor der katholischen Universität von Asunción.
Kardinal *Danneels,* Erzbischof von Brüssel, äußerte in einem Interview mit denkenswerter Offenheit: »So kann man die ganze Theologie der Befreiung verdächtigen ... Es ist schade, daß Theologen in der schwarzen Liste stehen und daß ihrem guten Ruf Schaden zugefügt wird. Da wird sicherlich die Presse ihre Arbeit einseitig tun. Auch die, die an der Basis arbeiten, müssen leiden«[33].

6. Die Instruktion der Kongregation für die Glaubenslehre »über die christliche Freiheit und die Befreiung«

Am 5. 4. 1986 wurde im Pressesaal des Vatikans die neue Instruktion vorgestellt. Dabei wurde verdeutlicht, daß dieses Dokument selber keine Theologie der Befreiung anbietet, sondern eher Kriterien für die Erarbeitung einer solchen. Kardinal

Ratzinger betonte vor allem die Kontinuität der neuen mit der früheren Instruktion, die sich in ihren Weisungen »von Tag zu Tag opportuner und zutreffender« erwiesen habe. Ähnlich äußert sich das Dokument selbst: Angesichts der Abweichungen und Gefahren der Abweichungen, die den Glauben und das christliche Leben zerstören, sei die Instruktion von 1984 »weit davon entfernt, überholt zu sein«, ja ihre Warnungen erschienen immer mehr angebracht und zutreffend (IFB, 1).

Die Zeit zwischen der ersten und der zweiten Instruktion

In den Monaten zwischen der ersten und der zweiten Instruktion gab es eine Vielzahl von Aktivitäten, deren Kenntnis ein wenig hilft, die ganze Tragweite des zweiten Dokumentes besser zu verstehen.
Im April 1985 veröffentlichte die brasilianische Bischofskonferenz einen Brief an die Gemeinden und die in ihnen Verantwortlichen über »Christliche Freiheit und Befreiung«. Ende Juli 1985 organisierte die Zeitschrift »Communio« im chilenischen Badeort Los Andes (Chile) ein Seminar zur »Analyse des Schrifttums der international bekanntgewordenen Theologen der Befreiung«. An der Spitze der Teilnehmer standen Kardinal *López Trujillo* (Kolumbien), Weihbischof *Kloppenburg* (Brasilien) und Professor *Rauscher* (Deutschland). Zum Ende des Seminars verabschiedeten sie eine Erklärung, die die alten Vorwürfe erneut wiederholte.
Im April 1985 veröffentlichte Kardinal *Agnelo Rossi* (anläßlich seiner Teilnahme als päpstlicher Vertreter am Begräbnis von *Tancredo Neves,* Brasilien) gerade drei Tage vor dem Bekanntwerden des Schweigegebotes für *L. Boff,* einen Text »Theologie der Befreiung«, in dem er die pastorale Arbeit in Brasilien angriff. In dem Text sind Anklagen und Unterstellungen zu lesen, die viele als Beschimpfung der brasilianischen Kirche empfunden haben, deren Bischofskonferenz ihre Jahresversammlung gerade abgeschlossen hatte, ohne eine Verurteilung

Boffs oder eine ablehnende Kritik an der Befreiungstheologie ausgesprochen zu haben.
Noch im Verlauf des Jahres 1985 und Anfang 1986 kamen Regionalgruppen brasilianischer Bischöfe nach Rom. Bereits am 17. 9. 1985 hatte Kardinal *Lorscheider* im Namen von 30 Bischöfen des Nordostens in seiner Begrüßung des Papstes die Mißverständnisse und verfehlten Verurteilungen ihrer pastoralen Praxis angesprochen. Zum Abschluß dieser Besuche fand eine außergewöhnliche Begegnung mit dem Papst und den Chefs der verschiedenen vatikanischen Kongregationen statt, an der alle 14 Regionalpräsidenten der Bischofskonferenz und alle brasilianischen Kardinäle, insgesamt also die 21 höchsten Vertreter der brasilianischen Kirche, teilnahmen. Wenig später erschien die neue Instruktion.

Inhalt des neuen Dokumentes

Das neue Dokument über die christliche Freiheit und die Befreiung gliedert sich in fünf Abschnitte.
Der *erste* Abschnitt beschreibt die Errungenschaften und die Bedrohungen des Befreiungsprozesses. Der *zweite* Abschnitt befaßt sich mit der Berufung des Menschen zur Freiheit und dem Drama der Sünde. In der Leugnung der Geschöpflichkeit menschlicher Natur (Trennung von Gott) besteht die Sünde, die die Wurzel menschlicher Entfremdungen ist. Der *dritte* Abschnitt zeigt, wie Gott die Menschen aus dem Stand der Sünde und der Hoffnungslosigkeit durch Tod und Auferstehung Jesu befreit. Der *vierte* Abschnitt beschreibt die ganzheitliche befreiende Mission der Kirche innerhalb der Geschichte zugunsten der Menschen. Und im *fünften* Abschnitt wird die Soziallehre der Kirche im Dienst einer christlichen Praxis der Befreiung vorgestellt.

Kritische Anmerkungen zum Dokument

Kritik verdient die eurozentrische Perspektive des Dokumentes. Die Theologie der Befreiung ist in Lateinamerika entstanden und dort entwickelt sie sich weiter. Aber um die Problematik der Freiheit zu beschreiben, nimmt das Dokument die europäische Geschichte als Ausgangspunkt und Beispiel. So geht es eher um die Freiheit der Europäer. Wenn die Probleme aber in europäischer Perspektive gesehen werden, können die lateinamerikanischen Probleme nicht zur Sprache kommen, wie etwa der Hunger. So heißt es: »Die tägliche Nahrung ist für eine wachsende Zahl von Menschen gewährleistet« (IFB, 7). Es wird vergessen, daß die Menschheit heute die Möglichkeit hat, alle Menschen zu ernähren; nie aber in der Geschichte haben so viele Menschen unter Hunger gelitten und sind daran gestorben. Das ist das Grundproblem Lateinamerikas und besonders Afrikas. Wo Hunger herrscht, kann von Freiheit nicht die Rede sein. Aber natürlich ist der Hunger kein Problem Europas.

Damit wird nicht verneint, was in der Instruktion über die Freiheit gesagt wird. Aber warum kommt sie nicht im Kontext der Unterentwicklung zur Sprache? Warum folgt der Text selbst nicht dem, was in der Einführung festgehalten ist: »Nun erfordert die Freiheit aber Bedingungen wirtschaftlicher, sozialer, politischer und kultureller Art, die ihre volle Ausübung ermöglichen.«

Die Instruktion erweckt in ihrem *ersten* Abschnitt den Eindruck, daß sie Mißtrauen gegenüber der Freiheitsgeschichte und der Befreiung hat. Das wird zum einen durch die Folgen dieser Geschichte gerechtfertigt, zum anderen durch die Tatsache, daß sie viel Antireligiöses und Antichristliches aus sich entlassen hatte. Und schon wieder ist der Leser nur mit der europäischen Geschichte konfrontiert. In den lateinamerikanischen Befreiungsbewegungen sind auch Nicht-Christen engagiert, aber die Befreiung wird nicht gegen Gott betrieben, sondern im Namen Gottes. Dennoch, die Theologie der Befreiung ist nicht naiv, sie hat kein uneingeschränktes Vertrauen zu Befreiungsbewegungen, weil sie weiß, daß auch hier nur Menschen am Werk sind.

Die triumphalistische Rede von Freiheit, derer sich die Instruktion bedient, läßt dagegen die Realgeschichte der Freiheit in der Kirche allzu schnell vergessen. In seiner Enzyklika »Mirari vos« von 1832 etwa, bezeichnete *Gregor XVI.* die Forderung nach Gewissens- und Meinungsfreiheit als »albernes Geschwätz, höchst verderblichen Irrtum und große Unverschämtheit«. Hätte die Instruktion nicht thematisieren müssen, daß die Haltung der Kirche auch den Unabhängigkeitsbewegungen in Lateinamerika Anfang des 19. Jahrhunderts gegenüber falsch gewesen ist? Am 30. 1. 1816 schrieb *Pius VII.* in seinem Rundschreiben »Etsi longissimo« an die Bischöfe dieses Kontinentes: »Da wir in dieser Welt Stellvertreter dessen sind, der der Gott des Friedens ist und der – als er geboren wurde, um das Menschengeschlecht von der Tyrannei der Dämonen zu erlösen – ihn den Menschen durch die Engel verkünden wollte, halten wir es für Unsere Apostolische Aufgabe, die ohne Unser Verdienst Uns zukommt, euch mit diesem Brief mehr und mehr zu ermahnen, keine Mühe zu scheuen, das schädliche Unkraut von Aufruhr und Aufstand, das der feindliche Mensch in diesen Ländern gesät hat, auszurotten und mit Stumpf und Stiel zu vernichten [. . .] Bemüht euch also [. . .], den Menschen mit größtem Nachdruck die gebührende Treue und den notwendigen Gehorsam gegen euren Monarchen zu empfehlen [. . .].«
Entgegen der Erwartung, daß die Instruktion nun ihrerseits auf diese konkret verfehlte Freiheitsgeschichte eingeht, hält sie fest: »Weil die Kirche diese verhängnisvolle Zweideutigkeit erkannte, hat sie durch ihr Lehramt im Verlaufe der letzten Jahrhunderte ihre Stimme erhoben, um vor den Irrtümern zu warnen, durch die die Freiheitsbegeisterung Gefahr lief, zur bitteren Enttäuschung zu werden. Sie wurde zu jenem Zeitpunkt oft nicht verstanden. In zeitlichem Abstand ist es jetzt möglich, ihrer Beurteilung Gerechtigkeit wiederfahren zu lassen [. . .] Gewiß hat es Irrtümer in der Beurteilung oder schwerwiegende Unterlassungen gegeben, für die die Christen im Laufe der Jahrhunderte verantwortlich gewesen sind.«[20] Natürlich sind Menschen, die ein Amt in der Hierarchie bekleiden auch Christen. Aber sie haben diese Fehler

nicht nur als Christen, sondern eben auch als Träger eines kirchlichen Amtes begangen. Ist es so schwierig, Fehler in der Amtsausübung kirchlicher Autoritäten einzugestehen?

Im *zweiten* Abschnitt findet sich eine weitgehend abstrakte Darstellung von Wahrheit und Gerechtigkeit als Kriterien der Freiheit. Hier begegnet erneut auch der Dualismus zwischen persönlicher Entwicklung der Freiheit auf der einen und den soziostrukturellen Bedingungen, die das in der Gesellschaft ermöglichen sollte, auf der anderen Seite. Und wieder taucht die eurozentrische Sichtweise der Instruktion auf. Die Texte über Götzendienst und den Atheismus (IFB 39–40) haben Bedeutung für Europa, weil man nur aus der europäischen Perspektive diese Phänomene als größte Probleme betrachten kann. In Lateinamerika und Afrika ist die Wahrscheinlichkeit, aus Hunger zu sterben, sehr viel größer als die Versuchung zu Atheismus oder Götzendienst.

Im *dritten* Abschnitt finden sich wichtige Aussagen zum Verhältnis von Befreiung und christliche Freiheit. Auch sie erwecken allerdings den Eindruck, daß die soziale Dimension der Sünde vernachlässigt wird und eine gewisse Vorliebe für die individuelle Dimension der Befreiung vorherrscht.

Der *vierte* Abschnitt widmet sich der Sorge um die Unterscheidung von Evangelisation und Förderung der Gerechtigkeit: »Sie [die Kirche] ist jedoch darauf bedacht, daß diese Sendung nicht von der Sorge um die zeitliche Ordnung ganz aufgesogen oder auf sie reduziert wird. Deshalb hält sie mit großer Sorgfalt sowohl die Einheit wie die Unterscheidung von Evangelisation und menschlicher Förderung klar und fest aufrecht: Die Einheit, weil sie das Wohl des ganzen Menschen sucht; die Unterscheidung, weil diese beiden Aufgaben aus verschiedenen Gründen zu ihrer Sendung gehören.« (IFB, 64)

Geht es in solchen Formulierungen wirklich um beide Aufgaben, oder doch mehr darum, den Unterschied zu unterstreichen?

Auch im *letzten* Abschnitt über die »Soziallehre der Kirche im Dienst einer christlichen Praxis der Befreiung« begegnet uns ein typisches europäisches Problem: Der europäische Humanismus, beeinflußt durch den Idealismus. Mag es in Europa darum gehen, Subjekt- und Freiheitsgedanken gegen jedwede Form von Determinismus entschieden zu verteidigen, so ist es zumindest im Augenblick eben eine europäische Angelegenheit. In Lateinamerika läßt die Situation der Unterdrückung der konkreten Freiheit keinen oder sehr wenig Raum. Nicht, daß dem unterdrückten Menschen das Subjektsein im traditionell philosophischen Sinn abzusprechen wäre, vielmehr dürfen, um ihm das Subjektsein auch konkret zu ermöglichen, die Strukturen und Mechanismen der Unterdrückung nicht verschwiegen werden, wenn von Freiheit die Rede sein soll.

Unter Nummer 98 heißt es: »Man muß durch eine tiefe Betrachtung des Heilsplanes, wie er sich vor der Gottesmutter im Magnificat ausbreitet, dem Glauben der Armen helfen, sich klar auszudrücken und sich im Leben zu verwirklichen. Hier liegt eine ehrenvolle kirchliche Aufgabe, die auf den Theologen wartet«. Auch hier wieder die europäische Mentalität, das gerade Gegenteil von dem, was die Theologie der Befreiung wollte: Theologie soll auf das Volk hören. Von der Basis bis zur Spitze heißt es dagegen bei den Brüdern *Boff:* »Eine einzige Reflexion: [. . .] Tatsächlich existiert ganz unten in der Kirche, in den sogenannten Basisgemeinden und in den Bibelkreisen, eine ganze Glaubensreflexion, die wir als eine diffuse und allgemeine Theologie der Befreiung bezeichnen können«[34].

7 Eine Theologie der Befreiung für Europa? – Die Theologie der Befreiung: Beispiel und Herausforderung

Es gibt von europäischer Seite drei Arten von Reaktionen gegenüber der Theologie der Befreiung: Erstens eine deutliche Ablehnung und die Verteidigung der eigenen Positionen, eine Rechtfertigung des Status quo also. Zweitens ein gerade bei europäischen Theologen verbreitetes großes Desinteresse an den Fragen der Theologie der Befreiung. Drittens aber gibt es unter europäischen Theologen auch eine Gruppierung, bei denen die Ansätze der Befreiungstheologie aus der Dritten Welt ein offenes Ohr gefunden haben. Sie sehen die Theologie der Befreiung als eine große Chance oder Herausforderung für die »Befreiung der Theologie« in Europa. Kann es aber wirklich eine Theologie der Befreiung für Europa geben? Hier sei die These gewagt: Die europäische Theologie hat die Möglichkeit »sich zu befreien«, das heißt, sie kann authentische Theologie sein, insoweit sie die Methode der Theologie der Befreiung auf die eigenen Probleme und Fragen anwendet.

Die theologische Entwicklung in Europa zeigt eine Reihe von Veränderungen und Neuansätzen, die sicher zum Teil auf eine Beeinflussung durch die Theologie der Befreiung zurückzuführen sind. Zwar hat das Bewußtsein des Unbehagens in der europäischen Theologie nicht erst mit der Kritik der Befreiungstheologie eingesetzt, sie hat jedoch diesen Prozeß stark beeinflußt.

Längst nämlich befassen sich verschiedene Gruppen mit einer Vielzahl von Problemen (z.B. Krieg und Frieden, Schöpfung und Umwelt) »im Licht des Glaubens«, wie es die Theologie der Befreiung tut, und bleiben dabei nicht bei der Reflexion stehen, sondern suchen einen Weg zum Handeln. Man hat gesagt, die Theologie der Befreiung habe ihren Sitz im Leben des Volkes und nicht an einem Schreibtisch. Gemeint ist damit nicht, daß eine wissenschaftliche Theologie nicht notwendig wäre, sondern es geht in Europa wie in Lateinamerika um eine Theologie, die die konkrete Wirklichkeit nicht ausblendet. Aber wie sieht der Weg dahin aus?

Die Theologie der Befreiung gibt zunächst die Frage auf: Wo sind Menschen in unserer Gesellschaft versklavt, entmenscht, ausgebeutet und unterdrückt? Diese Frage zeigt den Weg zu einer Theologie, die von den konkreten und jeweiligen Lebenszusammenhängen ausgeht. Sozialwissenschaftlich vermittelt lernt sie auf der ersten Stufe ihre Gesellschaft *sehen*. Dabei wird sie z.B. folgendes entdecken:

(1) *Die Versklavung durch den Überfluß:* In der Dritten Welt werden die Menschen durch den Hunger versklavt, hier bei uns geraten viele Menschen durch die Fülle in Abhängigkeit. Die Fülle des Angebotes erdrückt, Konsum muß sein. Der Supermarkt ist vielleicht das beste Kennzeichen unserer Gesellschaft (die zugleich, das sei nicht vergessen, immer auch einen Teil ihrer Mitglieder von ihren Segnungen ausschloß. Die Klassenfrage ist auch in Europa unerledigt).

(2) *Die Versklavung der Anonymität:* Sie ist eine Folge der Massengesellschaft. Anonymität im Wohnbereich, im Schulsystem; Anonymität sogar in der Freizeit, wie z. B. in Diskotheken. Anonymität und Einsamkeit trifft nicht nur ältere Menschen. Sie tragen zur Flucht in die Medien, in den Konsum oder zu den Drogen bei.

(3) *Das Problem der Arbeitslosigkeit:* Parallel zu unserer Konsumgesellschaft ist eine Gesellschaft der Arbeitslosen entstanden, die heute alleine in der BRD mehr als 2 Mio beträgt. Arbeitslosigkeit ist also nicht nur ein Problem der Dritten Welt, ja es scheint immer mehr ein ständiges Problem der Konsumgesellschaft zu werden. Ein Text von Puebla, der eigentlich auf die Dritte Welt zielt, kann auch die Situation hier verdeutlichen: »Die Armut in Lateinamerika ist, sagen die Bischöfe, Produkt von ökonomischen, sozialen und politischen Strukturen, die einen solchen Armutsstatus erzeugen [. . .] Dies ist die Lage im Innern unserer Länder, die häufig aber Ursprung und Unterstützung findet in Mechanismen, die keineswegs von echtem Humanismus, sondern von Materialismus geprägt sind und als solche auf internationaler Ebene zu Lasten von Armen, die immer noch ärmer werden, Reiche produzieren, die zunehmend nur reicher werden« (Puebla 30). Wer kann bestreiten, daß auch bei uns dieses Problem, Produkt von ökonomischen, sozialen und politischen Strukturen ist? Wer würde hier nicht, statt von echtem Humanismus, von Materialismus sprechen?

(4) *Das Problem des Friedens:* Es ist nicht nur ein soziales und materielles Problem, sondern auch ein religiöses. Das letzte Wort hat die Trias von Technik, Kapital und Sicherheitsstreben. Die

Angst der anderen und die eigene Ohnmacht scheinen keine Rolle zu spielen.
(5) *Die Gleichberechtigung der Frauen:* So sehr sie auf dem Papier existiert – wo ist die Gesellschaft, die die Gleichheit von Männer und Frauen lebbar macht, im politischen, ökonomischen, sozialen und vor allem im kirchlichen Bereich?
(6) *Die Umweltproblematik:* Nicht nur die Atomkraftwerke gefährden die Menschen und die Natur. Die Verseuchung der Luft, des Bodens und des Wassers hat viele Ursachen wie Kraftfahrzeuge, Fabriken, Chemikalien und nicht zuletzt den Müll, den unsere Konsumgesellschaft produziert.
(7) *Das Asylantenproblem:* Da es mit der Unterentwicklung verbunden ist, sollte es auch unsere Theologie beschäftigen. Die Dritte Welt kommt heute zu uns. Politisch Verfolgte oder nur Wirtschaftsasylanten? Diese Unterscheidung hat allenfalls juristisch Berechtigung. Für Christen sind es Menschen, die bei uns die Lösung ihrer Probleme suchen, weil wir nicht helfen, die Lösung bei ihnen zu finden. »Option für die Armen« heißt es im Dokument von Puebla. Option für die Menschen, die leiden, sollte es bei uns heißen.
Noch einmal: Keine vollständige Aufzählung der Probleme war beabsichtigt, sondern nur die Nennung der Orte, wo die Analyse der Wirklichkeit ansetzen könnte.
Die zweite Stufe der Befreiungstheologie ist das *Urteilen.* Nachdem die reale Lage im Blick ist, muß sich die Theologie fragen, was dies im Licht des Glaubens bedeutet. Dieser zweite Schritt bildet das spezifische Moment jeder Theologie; durch ihn wird das Urteilen zum theologischen Diskurs. Das Handeln oder die praktische Vermittlung bilden den dritten Schritt der Befreiungstheologie. Wie sich solches Handeln im einzelnen artikulieren läßt, hängt ab von der jeweiligen Situation und den Akteuren. Doch lassen sich ganz generell einige Ebenen des Handelns unterscheiden: die professionelle, die pastorale und die populäre. Der Wissenschaftler wird das Thema Ökologie anders als der Seelsorger oder der normale Bürger angehen. Aber die drei werden sich konkret engagieren und

auch darin einer europäischen Befreiungstheologie Grund und Boden gewinnen.

Es bleibt auf eine wichtige Bedingung für eine angemessene Befreiungstheologie auch in Europa einzugehen. Die Reflexion im Lichte des Glaubens muß dort stattfinden, wo die Probleme ihren Ort haben: an der Basis oder mit der Basis. Die Beteiligung der Betroffenen an der Reflexion ist unentbehrlich. Und gerade hier liegt eine Gefahr für die europäische Theologie: Theologie, so heißt es, wird in den Universitäten, auf den Lehrstühlen der Professoren getrieben. Nichts ist gegen die Beteiligung der »Professoren-Theologen« einzuwenden, wenn auch das Volk, die Basis, die Betroffenen, ihren Platz in der Reflexion gefunden haben. Nur so, in der Gemeinschaft aller Glaubenden, kann die Theologie eine positive Rolle für die gesellschaftliche Entwicklung spielen. Eine solche Theologie aber wirkt nicht nur befreiend, sondern befreit sich selbst, weil sie den konkreten leidenden Menschen (wie auch immer er heute heißen und leiden mag) als Thema und Beteiligten der Reflexion »im Lichte des Glaubens« erfaßt hat.

8 Texte zur Sache

Der Marxismusverdacht

Gegen eine pauschale Ablehnung der Marxschen Methode wandte sich die gemeinsame Synode: »Seitdem Karl Marx, der Arbeiterschaft das Klassenbewußtsein gab und diese in seiner Lehre ihr Selbstbewußtsein angesprochen fand, seit viele Menschen die Lehre von Marx als Ersatzreligion annahmen, ist in der Kirche die geistige Auseinandersetzung mit Karl Marx und mit dem Marxismus aufgegeben [. . .] Dabei kann nicht verkannt werden, daß Karl Marx eine Reihe fundamentaler Faktoren der in der Industrialisierung begründeten neuen gesellschaftlichen Wirklichkeit erkannte und in einer politisch wirksamen Weise formulierte. Obwohl in katholischen Äußerungen zur sozialen

Frage schon früh das Bemühen einsetzte, solche beschreibenden Elemente der Marxschen Lehre aufzugreifen und zum Anlaß für christlich begründete soziale Initiativen zu nehmen, ist dies infolge der unvermeidlichen weltanschaulichen Konfrontation mit dem Marxismus lange nicht in einer genügend umfassenden Weise geschehen [. . .] Zum Schaden unserer Glaubwürdigkeit verläuft die Diskussion bei uns auch heute noch zum Teil in alten Gleisen, während im internationalen katholischen und ökumenischen Bereich von Marx eingeführte Kategorien der Gesellschaftsanalyse selbstverständlich benutzt werden.« (Gemeinsame Synode der Bistümer in der Bundesrepublik Deutschland, Synodenbeschluß »Kirche und Arbeiterschaft«, 1.5.1)
Auch eine Gruppe von lateinamerikanischen Theologen hat sich zu dem Marxismusverdacht geäußert: »Im Bemühen, ihre Aufgabe zu erfüllen, entwickelte die Befreiungstheologie sich notwendigerweise dahin, die Realität der Armen zu untersuchen sowie die Mechanismen der Armut und der Unterdrückung zu enthüllen. Im Unterschied zu der klassischen Theologie fügte sie als Instrument zum Verständnis der ökonomischen, sozialen und politischen Wirklichkeit die Sozialwissenschaften mit ein. Dieses Verfahren wird weitgehend in den offiziellen Dokumenten des kirchlichen Lehramtes benutzt. Aus diesem Blickwinkel her verstehen wir den Ort einiger aus der marxistischen Tradition herkommender Kategorien, die schon seit langer Zeit Allgemeingut der Sozialwissenschaften sind, ohne Aufsehen benutzt sowohl von marxistischen als auch nichtmarxistischen Forschern. Von daher kann man keine fundamentale Option für den Marxismus ableiten, wie es in dem in der Zeitschrift Trenta Giorni im April 1984 veröffentlichten Artikel von Kardinal J. Ratzinger heißt.« (Erklärung von lateinamerikanischen Theologen der Befreiung: Zugunsten der Befreiung der Armen und der Befreiungstheologie, 31. Juli 1984, in: N. Greinacher [Hrsg.], Konflikt um die Theologie der Befreiung, S. 193)
Leonardo und Clodovis Boff sehen den Marxismus nur als Vermittlung oder als intellektuelles Werkzeug: »Hier müssen wir deutlich werden: Der Befreiungstheologie ist es stets darum

gegangen, den Marxismus als Vermittlung, als intellektuelles Werkzeug, als Instrument zur Analyse der Gesellschaft zu gebrauchen. Darin besteht der erkenntnistheoretische Stellenwert des Marxismus innerhalb der Befreiungstheologie. Auf diese Weise gingen – soweit das möglich war – einige Kategorien des Marxismus in den Glaubensdiskurs ein und nicht umgekehrt [...] Gewiß ist der Marxismus gefährlich, offensichtlich aber auch nützlich, vor allem im Hinblick auf das Verständnis der gesellschaftlichen Wirklichkeit, insbesondere hinsichtlich der Armut und ihrer Überwindung. Nur weil ein Werkzeug gefährlich ist, braucht man es nicht aus der Hand zu legen, zumal wenn es ein Werkzeug ist und wir kein anderes, besseres kennen.« (Clodovis und Leonardo Boff: Fünf grundsätzliche Bemerkungen zur Darstellung von Kardinal Ratzinger, 24. März 1984, in: N. Greinacher (Hrsg.) Konflikt um die Theologie der Befreiung, S. 181)

Klassenkampf ist eine Tatsache

Diese Feststellung ist in der Soziallehre des Papstes Johannes Paul II. zu finden: »Dieser Konflikt, von einigen als sozioökonomischer Konflikt mit Klassencharakter gedeutet, fand seinen Ausdruck im ideologischen Konflikt zwischen dem Liberalismus – als Ideologie des Kapitalismus verstanden – und dem Marxismus – als Ideologie des theoretischen Sozialismus und des Kommunismus aufgefaßt –, der den Anspruch erhebt, als Wortführer der Arbeiterklasse, des Proletariats der ganzen Welt aufzutreten. Auf diese Weise wurde der reale Konflikt, der zwischen der Welt der Arbeit und der Welt des Kapitals bestand, zum programmatischen Klassenkampf, der nicht nur mit ideologischen, sondern gerade und in erster Linie mit politischen Mitteln geführt wurde.« (Johannes Paul II., Laborem Exercens, N. 11)
Auch zu dem Thema Klassenkampf hat die Gruppe von lateinamerikanischen Theologen Stellung genommen: »Die fundamentale Option der Befreiungstheologie ist eine Option für die Armen, für den leidenden Diener Jesus Christus, der in ihnen

anwesend ist, sich in ihnen offenbart und uns richtet. Was Klassenkampf betrifft, so fordert die Befreiungstheologie ihn nicht. Sie sucht jedoch durch einen ›edlen Kampf der Gerechtigkeit‹ (Johannes Paul II.) die notwendigen und dringenden Transformationen, die die Armen aus dem Hunger, dem Elend und der Unterdrückung herausholen.« (Erklärung von lateinamerikanischen Theologen der Befreiung, In: N. Greinacher (Hrsg.), Konflikt um die Theologie der Befreiung, S. 193)

Die Theologie der Befreiung im Erbe der katholischen Soziallehre

Die Befreiung war schon für *Pius XI.* ein Ausweg aus dem Klassenkampf: »Werden die Feindseligkeiten und der Haß gegenüber den anderen Klassen aufgegeben, so kann der verwerfliche Klassenkampf entgiftet werden und sich wandeln in ehrliche, vom Gerechtigkeitswillen getragene Auseinandersetzung zwischen den Klassen, die zwar noch nicht den allseits ersehnten sozialen Frieden bedeutet, aber doch als Ausgangspunkt dienen kann und soll, von dem aus man sich zur einträchtigen Zusammenarbeit der Stände emporarbeitet.« (Pius XI., Quadragesimo Anno, N. 114)
Über »Klasse« und »Klassenkampf« haben *O. Nell-Breunig* und die Gemeinsame Synode deutliche Worte geschrieben: »Wer nur im deutschen Sprachbereich lebt und über ihn nicht hinauskommt, erschrickt bereits vor dem in seinen Ohren marxistisch klingenden Wort ›Klasse‹ und kann sich unter Klassenkampf nur den von Feindseligkeit und Haß gegenüber der anderen Klasse getragenen und auf deren Liquidierung abzielenden Kampf vorstellen; für ihn ist diese Aussage des Papstes so anstößig, daß man sie nicht zur Kenntnis nehmen und noch weniger zur Kenntnis bringen wollte; der großen Öffentlichkeit ist sie bis heute unbekannt geblieben. Daß Pius XI. nicht nur die Tatsache der kapitalistischen Klassengesellschaft, sondern auch die Zulässigkeit, ja die unerläßliche Notwendigkeit eines entgifteten Klassenkampfes anerkennt, in ihm den Ausgangspunkt, den Anfang, ja den

Ursprung der zu schaffenden gesellschaftlichen Ordnung erblickt, hat man tabuisiert, und nicht wenige möchten es auch weiterhin tabuisieren; wer es wagt, davon zu reden, muß darauf gefaßt sein, als Marxist verdächtigt zu werden. Die Textstelle, die man nicht aus der Welt schaffen kann, wird wegerklärt, zur Sinnlosigkeit entleert.« (O. Nell-Breunig, Die Soziallehre der Kirche, S. 60)

»So wurden etwa die Begriffe Klasse, Klassengesellschaft oder Klassenauseinandersetzung in manchen katholischen Äußerungen auch dann noch nicht als zutreffende Beschreibung der gesellschaftlichen Situation akzeptiert, als Pius XI. in der Enzyklika Quadragesimo Anno sich die entsprechenden Klärungen katholischer Sozialwissenschaftler zu eigen machte. Der Widerstand gegen die Annahme von Fakten und deren Formulierungen hatte freilich mehrfache Ursachen. Zu einem Teil waren es ständegesellschaftliche Vorbehalte und damit die Weigerung, Situations- und Strukturveränderungen zur Kenntnis zu nehmen. Zu einem anderen Teil war es das Ernstnehmen des Marxschen In-eins-Setzens von Analyse und Interpretation und damit die Sorge, sich etwa mit der Klassenlage auch deren instrumentelle, nicht unmittelbar soziale Zweckbestimmung im ideologisch-politischen Programm des Marxismus zu eigen zu machen. Daß beides von zu wenigen in der Kirche rechtzeitig unterschieden wurde, war eine der Gründe für die Entfremdung von Arbeiterschaft und Kirche. Dies erkennen heißt, die gründliche Auseinandersetzung mit Marx und seiner Lehre als notwendig zu erachten. Soll diese Auseinandersetzung nicht erneut an den Fakten vorbeigehen, so muß sie freilich auch die seither eingetretenen Veränderungen der gesellschaftlichen Situation und damit der Klassenlage einbeziehen.« (Gemeinsame Synode der Bistümer in der Bundesrepublik Deutschland, Synodenbeschluß »Kirche und Arbeiterschaft«, 1.5.1)

Der Papst *Paul VI*. empfiehlt weitgehende Reformen, bevor man an eine Revolution denkt: »Trotzdem: Jede Revolution – ausgenommen im Fall der eindeutigen und lange dauernden Gewalt-

herrschaft, die die Grundrechte der Person schwer verletzt und dem Gemeinwohl des Landes ernsten Schaden zufügt – zeugt neues Unrecht, bringt neue Störungen des Gleichgewichtes mit sich, ruft neue Zerrüttung hervor. Man kann das Übel, das existiert, nicht mit einem noch größeren Übel vertreiben.« (Paul VI, Populorum Progressio, N. 31)
»Man verstehe uns recht: Wir müssen uns der gegenwärtigen Situation mutig stellen und ihre Ungerechtigkeiten tilgen und aus der Welt schaffen. Das Entwicklungswerk verlangt bahnbrechende Umgestaltungen. Drängende Reformen müssen unverzüglich in Angriff genommen werden. Alle müssen sich hochherzig daran beteiligen, vor allem jene, die durch Erziehung, Stellung, Einfluß große Möglichkeiten haben.« (Paul VI; Populorum Progressio, N. 32)

Die Unterschiede zwischen Theologie der Befreiung und der katholischen Soziallehre

Zum Beitrag des Glaubens zur Soziallehre schreibt *G. Grundlach:* »Was der christliche Glaube dazu [zum Inhalt der katholischen Soziallehre] beitragen kann, besteht in der wichtigen Aufgabe, den menschlichen Verstand vor Irrtum zu bewahren und in seinen natürlichen Möglichkeiten zu unterstützen. Aber naturrechtliche Erkenntnis bleibt immer als solche eine Erkenntnis der natürlichen Vernunft.« (G. Grundlach, Die Ordnung der menschlichen Gesellschaft, S. 56)
Auf die Unterschiede in den jeweiligen Auffassungen der Soziallehre machte der Papst Paul VI. aufmerksam: »Angesichts solcher unterschiedlicher Voraussetzungen erweist es sich für uns als untunlich, ein für alle gültiges Wort zu sagen oder allerorts passende Lösungen vorzuschlagen, doch ist das auch weder unsere Absicht noch unsere Aufgabe. Das ist vielmehr Sache der einzelnen christlichen Gemeinschaften; sie müssen die Verhältnisse ihres jeweiligen Landes objektiv abklären, müssen mit dem Licht der unwandelbaren Lehre des Evangeliums hineinleuchten und der Soziallehre der Kirche Grundsätze für Denkweise, Nor-

men für die Urteilsbildung und Direktiven für die Praxis entnehmen [...]« (Paul VI., Octogesima Adveniens, N. 4)
»Es genügt nicht, allgemeine Grundsätze dem Gedächtnis der Menschen einzuhämmern, gute Vorsätze zu beteuern, schreiende Ungerechtigkeiten anzuprangern, mit prophetischem Freimut Strafgericht anzukündigen; alles das bedeutet nichts, wenn damit nicht verbunden ist das Ernstnehmen der eigenen Verantwortung und ein entsprechend entschlossenes Handeln.« (Paul VI., Octogesima Adveniens, N. 48)

9 Literatur zur Vertiefung des Themas

Zur Geschichte des Konflikts

Comblin, J., Kurze Geschichte der Theologie der Befreiung, in: *H. J. Prien;* Lateinamerika: Gesellschaft – Kirche – Theologie, Bd. 2 (Göttingen 1981) S. 13–38. Diese Arbeit bietet einen guten Überblick über die Entwicklung der Theologie der Befreiung und die ersten Reaktionen.
Goldstein, H., Immer ist sie befehdet worden ... Zur Geschichte des Kampfes gegen die Befreiungstheologie und zur Vorgeschichte der Instruktion, in: *H. J. Venetz/H. Vorgrimler* (Hrsg.). Das Lehramt der Kirche und der Schrei der Armen, (Freiburg/Münster 1985), S. 29–59.
Die Arbeit bietet eine Darstellung über die Geschichte des Kampfes gegen die Befreiungstheologie an und zeigt viele wichtige Hintergründe.

Dokumente zur Geschichte des Konflikts

Brasilianische Bewegung für die Menschenrechte (Hrsg.), Der Fall Boff. Eine Dokumentation (Düsseldorf 1986)
Greinacher, N. (Hrsg.), Konflikt um die Theologie der Befreiung. Diskussion. Dokumentation (Zürich 1985)
Publik-Forum-Dokumentation, Kardinal Josef Ratzinger/Leo-

nardo Boff-Dokumentation eines Konflikts um die Theologie der Befreiung (Frankfurt 1985)

Die Sozialwissenschaften

Gutiérrez, G., Theologie und Sozialwissenschaften. Eine Ortsbestimmung, in: Rottländer, P. (Hrsg.): Theologie der Befreiung und Marxismus (Münster 1986) S. 45–75

Rahner, K., Brief an Kardinal Landázuri Ricketts von Lima (16. 3. 84), in: *N. Greinacher,* Konflikt um die Theologie der Befreiung (Zürich 1985): Zwei Wochen vor seinem Tod schrieb der große deutsche Theologe diesen Brief, in dem er die Theologie der Befreiung von *G. Gutiérrez* verteidigt.

Marxismusverdacht

Boff, C., Zum Gebrauch des Marxismus in der Theologie der Befreiung, in: *P. Rottländer.* Theologie der Befreiung und Marxismus (Münster 1986) S. 37–44. Die Arbeit bietet eine gute Hilfe an, um die Beziehung zwischen Theologie der Befreiung und Marxismus zu verstehen.

Arrupe, P., Können Christen die marxistische Gesellschaftsanalyse übernehmen?, in: Herderkorrespondenz 35 (1981) 242–246

Hinkelammert, F. J., Der konservative Umgang mit dem Marxismus und die Veränderung der marxistischen Religionskritik, in: *P. Rottländer,* Theologie der Befreiung und Marxismus (Münster 1986) S. 155–174: Eine sehr gute Darstellung der neuen lateinamerikanischen Interpretation von *K. Marx.*

Fornet-Betancourt, R., Der Marxismusvorwurf gegen die lateinamerikanische Theologie der Befreiung, in: Stimmen der Zeit 4 (1985) 231–240: Diese Arbeit bietet einen seriösen Überblick über die kritische Rezeption des Marxismus durch die Befreiungstheologie an.

Boff L. und *C.*, Fünf grundsätzliche Bemerkungen zur Darstellung von Kard. Ratzinger, in: Bedrohte Befreiung. Zur lateinamerikanischen und katholischen Kontroverse um politische Praxis im Christentum (Rheinfelden 1985) S. 77–86

Sünde

Gutiérrez, G., Die Gewalt eines Systems, in: Concilium 12 (1980) 734–739.
Hinkelammert, F. J., Befreiung, soziale Sünde und subjektive Verantwortlichkeit. Anmerkungen zu einem politischen Dokument, in: *H. J. Venetz / H. Vorgrimler* (Hrsg.), Das Lehramt der Kirche und der Schrei der Armen (Freiburg/Münster 1985), S. 60–76

Theologie der Befreiung und Soziallehre

Boff, C., Die christliche Soziallehre und die Theologie der Befreiung: Zwei entgegengesetzte Formen sozialer Praxis?, in: ders., Die Befreiung der Armen (Freiburg 1986)
Ratzinger, J., Naturrecht, Evangelium und Ideologie in der katholischen Soziallehre. Katholische Erwägungen zum Thema, in: *K. v. Bismarck / W. Dirks* (Hrsg.), Christlicher Glaube und Ideologie (Stuttgart/Berlin/Mainz 1964)

Theologie der Befreiung in Europa

Dussel, E., Die Gezeiten des Evangeliums, wenn die evangelisierten Armen Evangelisatoren werden, in: Concilium 5 (1986) 382–388
Greinacher, N., Theologie der Befreiung in der »Ersten Welt«?, in: Concilium 5 (1986) 375–381
Rayan, S., Der Einbruch der Armen. Herausforderung für die Theologie, in: Concilium 5 (1986) 389–397
Schottroff, L. und *W.* (Hrsg.), Wer ist unser Gott? Beiträge zu einer Befreiungstheologie im Kontext der »ersten« Welt (München 1986)

Anmerkungen

I. Der Kontext der Theologie der Befreiung

[1] Vgl. *E. Krippendorf,* Die amerikanische Strategie, S. 11–56.
[2] Vgl. *D. Biancucci,* Dritte Welt – Unsere Welt, S. 38.
[3] Vgl. Ebd., S. 48–63.
[4] *Theotonio dos Santos,* Über die Strukturen der Abhängigkeit, in: *D. Senghaas,* Imperialismus und strukturelle Gewalt, Analyse über abhängige Reproduktion, S. 243.
[5] *D. Biancucci,* Dritte Welt – Unsere Welt, S. 61.
[6] Vgl. *D. Biancucci,* Dritte Welt – Unsere Welt.
[7] *H. Camara,* Soziale Gerechtigkeit und Entwicklung, S. 5.
[8] *E. Pironio,* Teología de la liberación, in: Teología, 8 (1970), 7–28 (Buenos Aires).
[9] Signos de renovación, Lima 1969, S. 38.
[10] *O. Noggler,* Das erste Entwicklungsjahrzehnt vom II. Vatikanischen Konzil bis Medellín, in: *H. J. Prien,* Lateinamerika, Bd. 1, S. 56.

II. Was ist Theologie der Befreiung?

[1] Osservatore Romano (Deutsche Ausgabe) 15. 2. 85.
[2] *L. Boff,* Aus dem Tal der Tränen ins gelobte Land, S. 144.
[3] *G. Gutiérrez,* Die historische Macht der Armen, S. 168.
[4] Vgl. *G. Gutiérrez,* Theologie der Befreiung, S. 7.
[5] *L. Boff,* Aus dem Tal der Tränen ins gelobte Land, S. 149.
[6] *L. und C. Boff.* Wie treibt man Theologie der Befreiung?, S. 12.
[7] *L. Boff,* Aus dem Tal der Tränen ins gelobte Land, S. 172.
[8] *G. Gutiérrez,* Theologie der Befreiung, S. 21.
[9] *Y. Congar.* Situation und Aufgabe der Theologie heute, S. 13.
[10] Vgl. *S. Croatto,* Befreiung und Freiheit, in: *H. J. Prien,* Lateinamerika, Bd. 2, S. 39.
[11] *L. und C. Boff,* Wie treibt man Theologie der Befreiung?, S. 32.
[12] *S. Croatto,* Befreiung und Freiheit, a. a. O., S. 39.
[13] Vgl. *G. Gutiérrez,* Theologie der Befreiung, S. 17–18.
[14] Vgl. ebd., S. 19.
[15] *F. Castillo,* Theologie aus der Praxis des Volkes, S. 15.
[16] *G. Gutiérrez,* Die historische Macht der Armen, S. 169.
[17] *L. Boff,* Teologia do Cativeiro e da Libertacao, S. 59.
[18] *S. Galilea,* Christ werden zur Befreiung, S. 33.
[19] Vgl. *G. Gutiérrez,* Theologie der Befreiung. S. 263.
[20] *L. und C. Boff,* Wie treibt man Theologie der Befreiung, S. 15.

[21] *N. Greinacher,* Konflikt um die Theologie der Befreiung, S. 185–186.
[22] Vgl. *G. Gutiérrez,* Theologie der Befreiung, S. 135–160.
[23] *H. Kessler,* Jesus Christus/Christologie, in: *P. Eicher,* (Hrsg.) Neues Handbuch theologischer Grundbegriffe, Bd. 2, S. 241–154.
[24] *G. Gutiérrez,* Theologie der Befreiung, S. 138.
[25] Ebd., S. 140.
[26] *P. Freire,* Pädagogik der Unterdrückten, S. 116.
[27] *G. Gutiérrez,* Theologie der Befreiung, S. 148.
[28] Vgl. *L. Boff.,* Jesus Christus der Befreier; *J. Sobrino,* Cristología desde América Latina (Christologie aus der Sicht Lateinamerikas).
[29] *L. Boff,* Die Anliegen der Befreiungstheologie, in: Theologische Berichte 8, S. 71–104.
[30] *L. Boff,* Aus dem Tal der Tränen ins gelobte Land, S. 172.
[31] Vgl. *L. Boff,* Die Anliegen der Befreiungstehologie, a. a. O., S. 93–94.
[32] *S. Croatto,* Befreiung und Freiheit, a. a. O., S. 43.
[33] Vgl. *S. Sobrino,* Cristología desde América latina, S. XII.
[34] *S. Galilea,* Christ werden zur Befreiung, S. 8.
[35] *L. Boff,* Die Neuentdeckung der Kirche, S. 11.
[36] *L. Boff,* Erfahrung von Gnade, S. 115.
[37] *L. Boff,* Kleine Sakramentlehre, S. 70–71.
[38] *L. Boff,* Die Neuentdeckung der Kirche, S. 10.
[39] Ebd., S. 14.
[40] Publik-Forum, 27. 7. 84.

III. Die Reaktion gegen die Theologie der Befreiung

[1] *J. Em/M. Spangenberg* (Hrsg.), Theologien der Befreiung, S. 6–7.
[2] *E. Krippendorf,* Die amerikanische Strategie.
[3] *M. Lange/R. Iblacker* (Hrsg.) – Christenverfolgung in Südamerika, S. 13.
[4] KNA, 13. 5. 1977.
[5] Kirche in Lateinamerika (Sondernummer der Lateinamerika-Nachrichten), April 1979, S. 86–87.
[6] Ebd., S. 87.
[7] *G. Gutiérrez,* Theologie und Sozialwissenschaften. Eine Ortsbestimmung, in: *P. Rottländer,* Theologie der Befreiung und Marxismus, S. 45–77.
[8] *N. Greinacher,* Konflikt um die Theologie der Befreiung, S. 185–186.
[9] *H. J. Venetz,* Der Beitrag der Soziologie zu einer Lektüre des Neuen Testaments, in: Methoden der Evangelienexegese, S. 87–122.
[10] *L. Boff,* Aus dem Tal der Tränen ins gelobte Land, S. 201.
[11] *P. Frostin,* Materialismus, Ideologie, Religion, S. 155–160.
[12] *K. Marx,* MEW 23, S. 393, Anm. 89.
[13] *P. Frostin,* Materialismus, Ideologie, Religion, S. 41.

[14] *F. Klüber,* Der Umbruch des Denkens in der katholischen Soziallehre, S. 338, 339.

[15] Publik-Forum, 23. 5. 1986, S. 39.

[16] *K. Marx,* MEW 28, S. 507.

[17] *Leonardo Boff* im Gespräch mit *Horst Goldstein,* in: *P. Eicher,* Theologie der Befreiung im Gespräch, S. 89.

[18] Publik-Forum, 6. 4. 1986, S. 16.

[19] *F. Hinkelammert,* Befreiung, soziale Sünde und subjektive Verantwortlichkeit, in: H. Venetz, H. Vrogrimler (Hrsg.), Das Lehramt der Kirche und der Schrei der Armen, S. 60–70.

[20] *J. Höffner,* Soziallehre der Kirche oder Theologie der Befreiung?

[21] *L. und C. Boff,* Wie treibt man Theologie der Befreiung, S. 49.

[22] *F. Prinz,* Kirche und Arbeiterschaft, S. 89.93.

[23] LThK Bd. IX, Sp. 917.

[24] *J. Ratzinger,* Naturrecht, Evangelium und Ideologie in der katholischen Soziallehre, in: K. v. Bismarck, W. Dirks, (Hrsg.), Christlicher Glaube und Ideologie, S. 25.24.

[25] Ebd., S. 28.

[26] Ebd.. S. 29.

[27] *L. und C. Boff,* Wie treibt man Theologie der Befreiung?, S. 50.

[28] *C. Boff,* Die kirchliche Soziallehre und die Theologie der Befreiung. Zwei entgegengesetzte Formen sozialer Praxis?, in: Concilium 12 (1981) 775–780.

[29] Ordinariats-Korrespondenz, 03-8/79.

[30] *Vamos Caminando* – Machen wir uns auf den Weg, S. 275.

[31] Publik-Forum, 6. 4. 1979 (Derselbe Text findet sich wörtlich, in: Vamos Caminando – Machen wir uns auf den Weg, S. 275).

[32] 65–66 Páginas (1984) 33.

[33] Ebd., S. 30–32.

Literaturverzeichnis

Biancucci, Duilio, Dritte Welt – unsere Welt, Zürich/Einsiedeln/Köln 1985
Boff, Clodovis, Die kirchliche Soziallehre und die Theologie der Befreiung: Zwei entgegengesetzte Formen sozialer Praxis?, in Concilium, 17 (1981) 775–780
Boff, Leonardo, Kleine Sakramentlehre, Düsseldorf 1976
–, Theologie hört aufs Volks. Ein Reisetagebuch, Düsseldorf 1982
–, Aus dem Tal der Tränen ins gelobte Land. Der Weg der Kirche mit den Unterdrückten, Düsseldorf 1982
–, Erfahrung von Gnade. Entwurf einer Gnadenlehre, Düsseldorf 1985
–, Jesus Christus, der Befreier, Freiburg/Basel/Wien 1986
–, Anliegen der Befreiungstheologie, in: Theologische Berichte 8, Wege theologischen Denkens, Zürich/Einsiedeln/Köln 1979
– und *Clodovis,* Wie treibt man Theologie der Befreiung?, Düsseldorf 1986
Camara, Helder, Soziale Gerechtigkeit und Entwicklung, Wien 1975
–, Es ist Zeit, Graz/Wien/Köln 1971
Castillo, Fernando, Theologie aus der Praxis des Volkes, München/Mainz 1978
Congar, Yves, Situation und Aufgabe der Theologie heute, Paderborn 1971
Croatto, Severino, Befreiung und Freiheit, in: *Hans-Jürgen Prien* (Hrsg.), Lateinamerika: Gesellschaft, Kirche, Theologie, Bd. 2, Göttingen 1981
Eicher, Peter (Hrsg.), Neues Handbuch theologischer Grundbegriffe, 4 Bde., München 1984
Eicher, Peter (Hrsg.), Theologie der Befreiung im Gespräch, München 1985
Em, Jürgen/Spangenberg, Michael, Theologien der Befreiung – Herausforderung der Kirche, Gesellschaft und Wirtschaft, Köln 1985
Equipo pastoral de Bambamarca (Hrsg.), *Vamos Caminando* – Machen wir uns auf den Weg. Glaube, Gefangenschaft und Befreiung in den peruanischen Anden, Freiburg/Münster 1983
Freire, Paulo, Pädagogik der Unterdrückten, Hamburg 1973
Frostin, Per, Materialismus, Ideologie, Religion – Die marxistische Religionskritik bei Karl Marx, München 1978
Galilea, Segundo, Christ werden zur Befreiung, Salzburg 1983
Gemeinsame Synode der Bistümer in der Bundesrepublik Deutschland, Freiburg/Basel/Wien 1976
Goss-Mayr, Hildegard (Hrsg.), Geschenk der Armen an die Reichen – Zeugnisse aus dem gewaltfreien Kampf der erneuerten Kirche in Lateinamerika, Wien 1979
Greinacher, Norbert (Hrsg.), Konflikt um die Theologie der Befreiung – Diskussion und Dokumentation, Zürich/Einsiedeln/Köln 1985
Grundlach, Gustav, Die Ordnung der menschlichen Gesellschaft, Köln 1964
Gutiérrez, Gustavo, Die historische Macht der Armen, München/Mainz 1984

–, Theologie der Befreiung, München/Mainz 1976
–, Teología y ciencias sociales, in: Páginas, 63–64 (1984) 4–15
Hengsbach, Franz/Anton, Rauscher S. J/Alfonso López Trujillo/Roger Vekemans S. J/Wilhelm Weber: Kirche und Befreiung, Aschaffenburg 1975
Höffner, Joseph, Soziallehre der Kirche oder Theologie der Befreiung? Eröffnungsreferat bei der Herbstvollversammlung der Deutschen Bischofskonferenz, Bonn 1984
Kirche in Lateinamerika – Sondernummer der Lateinamerika-Nachrichten, April 1979
Kloppenburg, Bonaventura, Die neue Volkskirche, Aschaffenburg 1981
Klüber, Franz, Der Umbruch des Denkens in der katholischen Soziallehre, Köln 1982
Krippendorf, Ekkehart, Die amerikanische Strategie, Frankfurt 1970
Lange, Martin/Iblacker, Reinhold (Hrsg.), Christenverfolgung in Südamerika, Freiburg/Basel/Wien 1980
Lorscheider, Alosisio, Parteinahme für die Armen. Rundfunkansprachen aus Brasilien, München 1984
Marx, Karl/Engels, Friedrich, MEW, Berlin 1956ff.
Miguez Bonino, José, Theologie im Kontext der Befreiung, Göttingen 1977
Nell-Breuning, Oswald, v. Soziallehre der Kirche. Erläuterungen der lehramtlichen Dokumente, Wien 1977
Noggler, Othmar, Das erste Entwicklungsjahrzehnt. Vom II. Vatikanischen Konzil bis Medellín, in: *Hans-Jürgen Prien* (Hrsg.), Lateinamerika: Gesellschaft, Kirche, Theologie, Bd. 1, Göttingen 1981
Ordinariats-Korrespondenz 03-8/79, München
Osservatore Romano (Deutsche Ausgabe) 15. 2. 85
Pironio, Eduardo, Teología de la Liberación, in: Teología 8 (1970) 7–28 (Buenos Aires)
Prinz, Franz, Kirche und Arbeiterschaft, München 1974
Ratzinger, Joseph, Naturrecht, Evangelium und Ideologie in der katholischen Soziallehre, in: *Klaus v. Bismark/Walter Dirks* (Hrsg.), Christlicher Glaube und Ideologie, Stuttgart/Berlin/Mainz 1964
Santos, Theotonio dos, Über die Strukturen der Abhängigkeit, in: *Dieter Senghaas* (Hrsg.), Imperialismus und strukturelle Gewalt, Frankfurt 1972
Sobrino, Jon, Cristología desde América latina, México 1976
Strahm, Rudolf, Überentwicklung – Unterentwicklung. Ein Werkbuch mit Schaubildern und Kommentaren über die wirtschaftlichen Mechanismen der Armut, Nürnberg 1978
Venetz, Hermann-Josef, Der Beitrag der Soziologie zu einer Lektüre des Neuen Testaments, in: Theologische Berichte 13. Methoden der Evangelienexegese, Zürich/Einsiedeln/Köln 1985
–/*Vorgrimler, Herbert* (Hrsg.), Das Lehramt der Kirche und der Schrei der Armen, Freiburg/Münster 1985

Abkürzungsverzeichnis

QA	Quadragesimo Anno
MM	Mater et Magistra
LG	Lumen Gentium
GS	Gaudium et Spes
OA	Octogesima Adveniens
EN	Evangelii Nuntiandi
IThB	Instruktion der Glaubenskongregation über einige Aspekte der Theologie der Befreiung
IFB	Instruktion der Glaubenskongregation über die christliche Freiheit und die Befreiung